新宿ゴールデン街物語

渡辺英綱

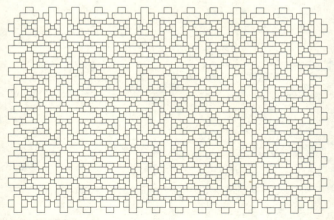

講談社＋α《プラスアルファ》文庫

はじめに

新宿・歌舞伎町の一角を占める通称「ゴールデン街」に、わたしの経営する酒場「ナベサン」はある。

「このままでいったらゴールデン街は、記憶のなかのトマソン物件になっちまうね」

と、ある日わたしの友人がいった。

「トマソン物件？――その記憶のなかのトマソン物件って、いったいなんのことだ」と、わたしは尋ねた。

するとお前は何も知らないのかといわんばかりに、いかにも得意げな口ぶりで友人はいった。

「つまりだなあ、ほら、いま流行《はや》っているだろう、路上観察学会とかいうの……。道端に落ちている変な石コロを見つけちゃカメラに収めて丹念に記録している、ほら、あれだよ」

そういわれてみると、わたしにも新聞や雑誌で読んだ記憶が確かにあった。

それは建築史家の藤森照信《ふじもりてるのぶ》が考案した奇妙な学会であった。この学会には藤森の他に、彼に三倍輪をかけたような当代きっての素《す》っとぼけた奇妙な男——赤瀬川原平が加わっていたはずである。さらに、奇妙というよりは、むしろ、奇っ怪な男——荒俣宏がドッキングしてカメラをぶら下げて東京中をうろつき回っているグループのあれであった。最近では四方田犬彦もようやく入会を許されたと聞く。トマソンとは、もと巨人軍にいた「役立たず」の選手の名前で——ここまできて、わたしも納得した。

つまり、友人のいいたかったのは、いまの新宿ゴールデン街の様子では、いつか、きっと、路地裏でときどき見かける井戸汲《いどくみ》ポンプのように記憶のなかの無用物件にされてしまうぞ、ということであった。

いま、昭和六十五年（当時。実際は平成二年）の新宿への都庁舎移転を目前にひかえて、東京の街は確実に大きく揺れ動き始めている。

明治の都市計画以後、東京を襲った最初の揺れは関東大震災であった。二度目が東京大空襲——そして、敗戦。三度目は東京オリンピックのための大改造であった。そして、今回は四度目の東京大改造にあたる。東京は約百二十年間に四回大改造されることになる。

だが今回は、かつての「銀座・丸の内」を中心としたものではなく、世界に向けて

「新宿」を日本の中心にする東京大改造である。工事期間は十〜二十年かかるのでは——という話である。

新宿では、この数年の間に古い建物が猛烈なスピードで取り壊され、それに代わって、ダンプカー、ブルドーザー、クレーン車が道路狭しとばかり行き交い、大きなビルが建ち並び始め、街の景観が一変しつつある。

こういった時代の趨勢《すうせい》のなかで、いま、ゴールデン街の存亡《そんぼう》が噂されている。底地《そこち》買《が》いの業者が暗躍し始めたからである。

「このままでいったらゴールデン街は、記憶のなかのトマソン物件になっちまうね」

といった友人の言葉は、意外とことの本質を見抜いているように思われる。

一九八六年八月のある日のこと、二人の外人客がわたしの店の階段をのぼってきた。若い男と女だった。二人はカウンターの隅に腰を据《す》えた。夜の九時を少しまわったところだった。

「何にします?」

「ビール、オネガイシマス」

男が言った。ある程度、日本語ができそうだぞ、とわたしは思った。

ビールを出し、つきだしの冷しトマトを置くと、今度は女性が口を開いた。

「アメリカ、ニューヨークデハ、シンジュクカブキチョウ、トテモフェイマスネ。デモ、ソレ、トテモコワイトコロ！」

そしてニコニコしながら、たどたどしい日本語で彼女は自己紹介をした。名前はメアリー。二十歳。学生で、日本語を勉強しているという。日本へは初めて来ました、と語る。

「カブキチョウ、コワイトコロ！」と、いきなり口に出したのは、連れの恋人とおぼしき男に教えられてのことだろう。はたせるかな、そのあとの二人の話を聞くと、かれらはニューヨークにいるわたしの知りあいに紹介されて、店へやって来たのであった。男のほうはユダヤ系アメリカ人で、ハーバード大学に籍を置き、日本の近世文学――とくに戯作《げさく》を中心に研究をしているとのことだった。

二人はビールを飲み、「ナベ雑炊」とキムチを食べ、一時間ほどを過ごすと「ドウモアリガトウ」と言って帰っていった。

いまでこそ、こういった光景はまことに日常的になってきたが、以前にはなかなか見受けられなかった眺めである。稀《まれ》に常連が外人客を連れてくることはあった。それでも一年に四、五十人というところだったろうか。

ところが、数年まえから新しい傾向が目立ち始めた。日本人の連れなしで、外人客が自由に来るようになったのである。初めは日本人に連れられて来た女性が、次の機会には別の外人女性と二人で現われることもしばしばであった。それは、なにもわたしの店に限ったことではない。ゴールデン街全体の新しい現象といえる。

バカだな　バカだな　だまされちゃって
夜が冷たい　新宿の女
（石坂まさを、みずの稔作詞・石坂まさを作曲「新宿の女」）

——と藤圭子《ふじけいこ》は歌った。彼女の歌には、いつもなにかにおびえているような、どことなく頼りなげで孤独な影がつきまとっていた。彼女は新宿の女の暗さを繰り返し繰り返し歌いつづけてスターとなった。

しかし、どうしたことか、彼女が落ちぶれ、行方《ゆくえ》さえわからなくなると、入れかわるように台頭してきたビートたけしを始めとするお笑いタレントよろしく、新宿は非常に明るくなった。しかも、いま書いたように、それは国際的な明るさなのだ。ビートたけしと藤圭子——二人が同世代であると思うとき、歴史の「明暗」はあまりにも鮮かである。

西を向いても　駄目だから
東を向いて　みただけよ
（滝口暉子作詞・和田香苗作曲「新宿ブルース」）

といった、やけっぱちでなげやりな、出口なしのイメージは、いまの新宿にはもう見当たらない。ただひたすら明るい。

それにしても、昨年一年間にわたしの店へやってきた外人客は三百人を超えた。かれらのゴールデン街への関心は、高まりつづけている。

そして、それに反比例するかのように、日本人のゴールデン街への関心は日毎に薄れているのである。外人客が増えた分だけ日本人客が減っているという、不思議な現象がいま起こっている。

昨年の場合は、つくば科学万博の影響がたしかに強くあった。「ナベサン」にやって来た外人客の半数以上が、なんらかのかたちで万博に関わった人たちだったからである。ちなみにその国籍をみると、アメリカと西ドイツが約半数を占める。以下、ソ連、フランス、イギリス、オランダ、チェコスロバキア、カナダ、スペイン、ポーランド、アルゼンチン、ニュージーランド、オーストラリア――となる。アジアは韓国と台湾だけ。

かれらはいずれも学者か学生か文化官僚であった。ポーランド人のなかには南極観測隊員もおり、単なる観光客というのは意外に少なかった。

これほど多くの国の人々が、なぜゴールデン街などに関心を寄せるのだろうか。わたしはその理由を、ひとまず「街」にではなく、それぞれの「店」そのものに求めて考えてみたい。

（一）外人客の出入りの多い店の営業者は、おおむね俗にいう「団塊の世代」――すなわち全共闘世代――に属し、なんらかのかたちで「運動」や「闘争」に関わってきた人たちである。

（二）したがってかれらは、おおむね、大学を卒業しているか中退しているかのどちらかである。

（三）かれらの店を基本的に支える人脈――大学時代の同級生や運動仲間が、マスコミからミニコミにいたるジャーナリズムの世界で、あるいは大学や企業などで、それぞれいまや主導的な立場に立っている。

(四) また、営業者の多くは世代や学歴を問わず、映画や演劇、音楽や舞踊、あるいは文学に直接的・間接的に関わっており、それらの関係者がひんぱんに出入りする。

(五) これらの人々は、日本のなかだけでなく国際関係のなかで、個人的にも社会的にも人間関係を確立している。

——以上の点を総合して考えてみれば、先ほどのアメリカ人の恋人たちを始め、多くの外国人がなぜゴールデン街にやってくるのか、おわかりいただけると思う。

ゴールデン街は、どこの町にでもある単なる飲み屋街ではない。「ゴールデン街文化」と称されるものがあるのは、それぞれの店がさまざまな立場で民間レベルでの(国際)文化交流をはかっているからなのである。

だが、ここにいたるには、それなりのクロニクルがあった。

昭和四十三年十月二十一日、新宿周辺に大嵐が吹き荒れた。10・21国際反戦デーの大詰めの舞台となったのである。

この日、国会・防衛庁・アメリカ大使館などへ押しかけた、全共闘を中心とする反日共系のデモ隊各派約五千人が、午後七時ごろから国鉄新宿駅周辺に集合し、東口広場に面白半分に集まってきた野次馬《やじうま》や群衆など二万人と合流して、待ち構えていた機動隊員と衝突し、学生や群衆が一時新宿駅を占拠《せんきょ》した。いわゆる「新宿騒乱事件」である。逮捕者は七百六十九人にのぼった。

一方この時期に、新宿に関してある構想が準備されつつあった。新宿を新しい都心として飛躍的に発展させるために、商店会・デパート・放送会社などによって、新都心新宿PR委員会が設立され、会長には紀伊國屋書店社長の田辺茂一《たなべもいち》が就任した。そしてこの会のバックアップによって昭和四十三年十一月一日、文化放送から「新宿メディアポリス宣言」が発表された。あの「騒乱」事件から、わずか十日後のことであった。

「新宿騒乱事件」については、多くの人が記憶しているであろう。しかし「新宿メディアポリス宣言」となると、ほとんどの人が知らないのではないだろうか。――もしかすると、新宿の住民でさえ忘れてしまっているかもしれない。そこで、少々長いがこの宣言を全文引用しておきたい。

私たちは、いま――／予感にみちた新しい都市のただ中にいる。／新宿というのが、その新しい都市の名前である。／この都市で起っていることは、誰にも理解できない。／ただ感ずるだけだ。

この都市には、実体がない。／新宿とは新宿区とも違う。新宿駅周辺のことでもない。／新宿には今日がない、明日もない。／「今日と明日との間」に、この不思議な都市がある。

「今日と明日との間」、それは別のことばでいえば、青春ということだ。／新宿は、すべての人にとって青春なのだ。／新宿に遊ぶことは、新宿に住むことは、すべての人にとって、自分の「青春」とめぐり会うことなのである。

青春は型を問わない。／青春であることだけで、意味がある。新宿は、日本の青春なのだ。

青春を動かすものは、／権力でもない。金でもない。／青春を動かすものは、／それは「メディア」だ。／私たちは、新宿を「メディア」にあふれた都市にしたい。

新宿では、／すべてのものが、すべてのことが、／「メディア」となる可能性を孕んでいる。

ここでは、なんでも試みることができる。／人々のまなざしが流行を生み、／人々のことばが文化を創る。／都市の中で、／人間が人間らしく生きるために、／人々は新しい「メディア」を求めている。

そのために、／私たちは、多くの人々の、／さまざまな企業のちからを必要としている。

新宿。／私たちは、この都市に住んでいる。／私たちは、この都市に働いている。／私たちは、この都市を愛している。／ここには、明日のすべてがある。

新宿は文明の子宮なのだ。／すべての萌芽が、文明の胎児が、ここで目ざめ、ここで育っていく。／新宿。／新宿だけが、ほんとうの都市なのだ。

身をつらぬくような生の予感と痙攣を呼びおこす場を、／私たちは、この予言と啓示にみちた新宿をつくりたい。

それが「新宿メディアポリス Shinjuku-Media Polis」なのだ。

――このいかにも変体少女文字風の文章を、いまから二十年まえに文化放送が発表したのである。

たとえば一九六八年から七〇年にかけての新宿は、ニューヨークのグリニッチ・ヴィレッジと、ロンドンのカーナビー・ストリートと、サンフランシスコのハイト・アシュベリーと、北京の天安門広場が同居しているようなものであった。そして、それに焼け跡闇市派なども加わっていたのである。したがって、新宿はむちゃくちゃなエネルギーにあふれており、文化的にも風俗的にも思想的にも、最もスリリングな〝街〟であった。

「宣言」ではすでに、新宿のもつ多彩な、しかも著しく多様化しつつあった巨大なエネルギーを、「メディア」として活用していくことが構想されている。それを「メデイアポリス」（媒体都市）と名づけたのには、単なる言葉遊びをこえた理があったといってもいいだろう。

新宿ゴールデン街（昔は売春地帯〝青線〟と呼ばれていた場所である）が、いつごろから世間に知れ渡ったのかとなると、おそらく地元の人々もハッキリとは答えられないであろう。ここで、少々、大げさないいかたをするならば、それは昭和五十一年一月十四日、作家の佐木《さき》隆三《りゅうぞう》が『復讐するは我にあり』で第七十四回直木賞を受賞することが決定した夜の八時以後のことである。新聞、テレビ、ラジオ、雑誌、その他あらゆるマスコミの波が、その夜からゴールデン街に押し寄せた。たとえば、いまからみれば嘘のような話だが、新宿ゴールデン街に直木賞作家誕生!!　などと新聞、雑誌の見出しにもなったのである。

それまで、佐木隆三はあまり知られた作家ではなかった。彼は『ジャンケンポン協定』の作家として「新日本文学」周辺で知られていたにすぎない。仲間の小林勝《まさる》や黒井千次、それに泉大八《だいはち》などもそうであった。そのころから彼はゴールデン街の呑み屋を梯子《はしご》して歩いていたのであった。

だが、文壇への登竜門である直木賞を受賞した瞬間、佐木隆三は一躍流行作家に変貌した。そして同時に、ゴールデン街はそのような作家が集まる場所としてマスコミにクローズ・アップされるようになったのである。

いずれにしても、新宿はある日突然に現われてきたのではない。いくつかの時代、いくつかのターニング・ポイントをへて、今日の姿をさらしているのである。

わたしはかつて週刊読書人の編集部にいたころから、ゴールデン街で飲み歩いていた。そしてひょんなことから借金ができ、それを返すために新宿の呑み屋で働くようになった。花園神社横の「モッサン」を皮切りに、要町《かなめちょう》の「どん底」、三越裏の「どんがばちょ」、さらには歌舞伎町の「スカラ座」や「スリーコーナー」といった店をバーテンとして渡り歩いた。そして一九七一年に自分の店をもってからは、ゴールデン街とともに生きてきた。

わたしが新宿に住み、新宿で飲食店を経営しているという立場と経験は、新宿の歴史と現在を立体的に見るための道具としての役割をささやかながらも果たすことができるのではないだろうか。せめて新宿の街を裏側から捉えながら、ここから失われてしまった世界、あるいはいま、まさに失われつつある世界を少しでも記録し、残しておきたい——という思いから、この本を書こうとしている。

新宿ゴールデン街物語　目次

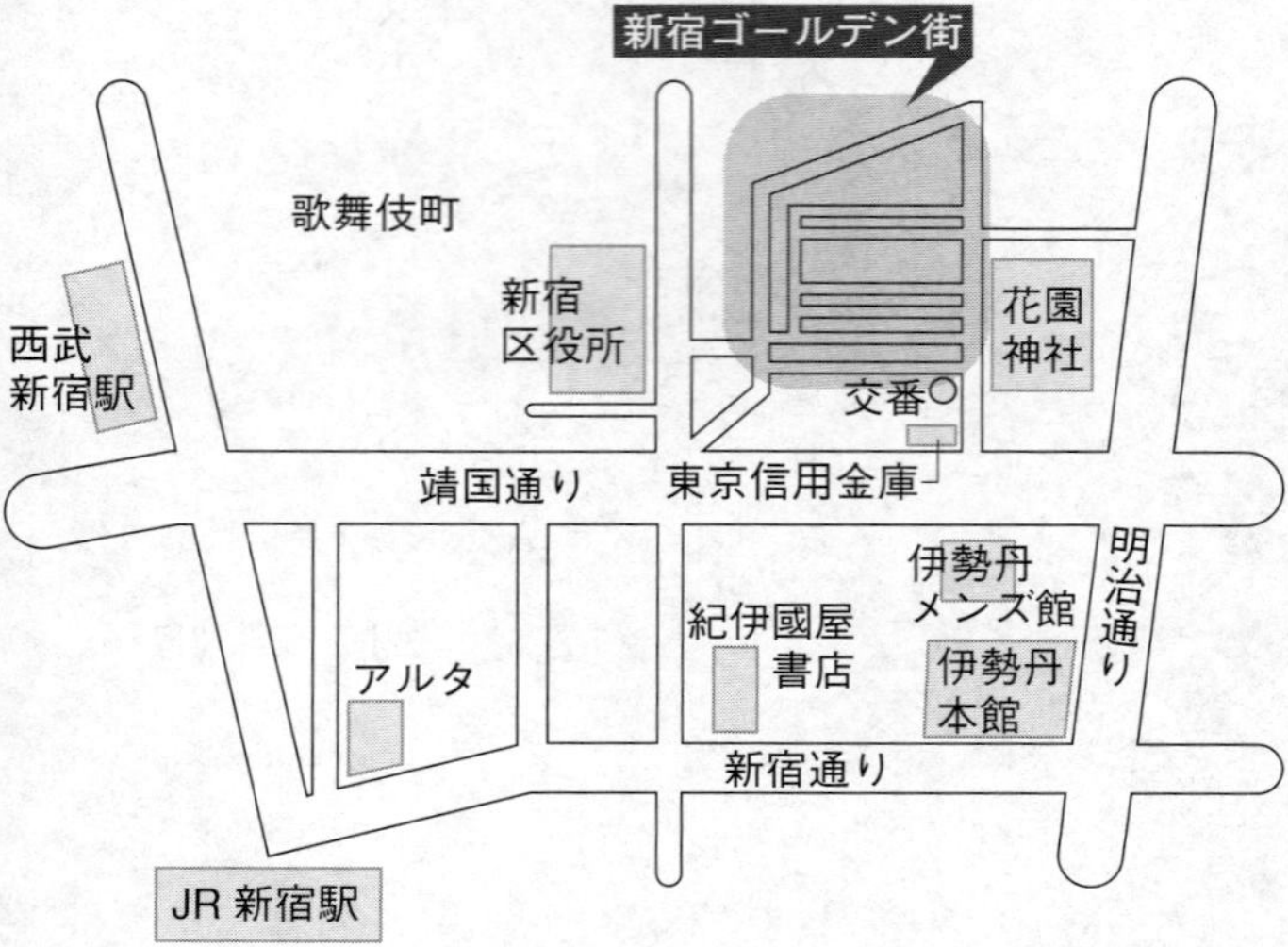

新宿ゴールデン街
歌舞伎町
西武
新宿駅
新宿
区役所
花園
神社
交番
靖国通り
東京信用金庫
明治
通り
伊勢丹
メンズ館
紀伊國屋
書店
伊勢丹
本館
アルタ
新宿通り
JR 新宿駅

新宿ゴールデン街物語

本書の一部には、現在の観点からみて、「三国人」「パンパン」など人権意識に照らし不適切と思われる表現が使われています。これは作品の社会的背景・歴史的価値、また著者が物故していることを鑑み、そのまま使用しました。差別の助長を意図するものではないことをご理解いただきますようお願いいたします。

（編集部）

本書は、二〇〇三年五月にラピュタ新書（ふゅーじょんぷろだくと）より刊行された『新編・新宿ゴールデン街』を文庫化にあたり、加筆・修正したものです。

第一章　「新宿」のエネルギー

一八二七年の若者たち

一九八五年二月十三日午前零時、主にポルノ業界の規制をねらった「改正風俗営業法」が施行された。これによって、それまで終夜営業だったポルノ業界は、全国の盛《さか》り場《ば》で午前零時をもって一斉にその日の営業を終えることになった。

もともと「風俗営業法」は「善良の風俗と清浄な風俗環境を保持」するためのものであるが、この「改正」によって、ポルノ業者とはなんら関係のない「風俗営業者」に対しても、深夜営業の禁止ほか各種の細かい制約が加えられることになった。が、最近では、ポルノ業者を除いた他の業種の「風俗営業者」に対しては規制がゆるめられ、「深夜営業」の許可を警察に申請すれば営業できることになった。あるいはまた、警察が決めたポルノ営業をしない特別指定地域に存在する店にかぎって「深夜営業」ができるようになった。

というのも、この「改正」の狙いは、日本一の歓楽街である東京・新宿歌舞伎町のポルノ業者に対する規制にあったからである。そのような法律を全国津々浦々の盛り場にまで適用させようとすること自体がすでに問題であったが、敵もさるもの、そのようなことは百も承知で、「改正風俗営業法」をタテマエとして、その真の目的を果たそうとしたのである。

新宿・歌舞伎町――それは新宿駅東口北側の約〇・三四平方キロメートルの広さをもつ、サービス業を中心とした大繁華街である。新宿警察署の調べでは、この地区の店舗総数は約四千軒。その一割に当たる四百店がポルノ業者で占められている。そして、ポルノ業者の半数以上が、俗に「三国人」といわれる人たちが陰のオーナーである、という。俗にいわれる「三国人」とは朝鮮人、中国人、台湾人を指している。この呼び名は戦前の日本人の彼らへの蔑称からくるのであろう。しかし、戦前から歌舞伎町に住んでいる人たちは、いまでもそのように呼ぶときがある。

むかしから歌舞伎町に住む日本人の経営者の古老の口から「三国人」というコトバがフッと出るとき、なんともいえない屈折した記憶と複雑な現実が混じりあって、いかにも諦めきったような、また困惑したような表情をする。その思いは第一に、彼ら日本人が商売上、地元の歌舞伎町において「三国人」のもつ国際資本という莫大な資金源をバックにした企業進出に敗れてしまったという点に集約される。が、また一方では、本来なら南北朝鮮、あるいは中国と台湾に関するきわめて外交的・政治的問題であるはずのことが、歌舞伎町というひとつの地域で、きわめて卑近な〝商業〟問題に引きずり込まれてしまった、ということにも集約される。

それにしても、ここで一番に問題になるのは「三国人」のもつ国際資本である。歌舞伎町の暗い世界と明るい世界の骨組《ほねぐみ》の一部は、じつは、この国際資本にかかわっている。

たしかに表面上の歌舞伎町は、サービスをする者やされる者が日本人であれ外国人であれ、そこでは差別のない歌舞伎町的世界を形成している。いや、むしろ、差別のないのが徹底していて、享受する側も提供する側もそれをまったく意識しないで生活してゆけるくらいである。したがって、その点だけをクローズアップしてみれば、歌舞伎町とは、他の盛り場とは違って、じつに、自由な盛り場なのである——。

だが、歌舞伎町に一歩深く足を踏み入れてみると、まったく別の世界が見えてくる。

それは、国際資本をバックにした外国人と、地元の商店経営者、さらには、お金になることならどのような業種の事業にでも貸し付けをする銀行（ここにはスイス銀行も含まれる）との力関係である。とくに銀行の役割について書き加えれば、現在の歌舞伎町的「売春地帯」を計画し実行に移したのは、他でもない日本の大手銀行の各行なのである。

この大手銀行各行が「ノーパン喫茶」を皮切りに「ソープランド」「デート・クラブ」「ファッション・マッサージ」「テレホン・クラブ」にいたるまで、あらゆるポルノ産業に携わる業者に「青写真」をみせ、「ゼニ」を貸し付けて、歌舞伎町的「売春地帯」を実現させたといっても過言ではない。

これが、歌舞伎町世界の根であり幹である。したがって、他のいっさいの表面からみえるきらびやかさと同時に暗いものは、ただ単に枝であり葉であるにすぎない。ときにはそこに美しい花も咲くが、また仇花《あだばな》も咲く……。

新宿に長く住み、地元の人たちとともにべ平連の活動を続けた故古屋能子《ふるやよしこ》は、そんな歌舞伎町を述懐して、つぎのように語っている。

——根と幹にいる人びとと、枝であり葉である人びととのあいだに、さしあたって何の関係もない。共通の対話は成立しえない。共通語がないのである。そこにただひとつのものがあって、かれらを結びつける。お金である。貨幣が共通語となっている。それが紐帯《ちゅうたい》である。これは、新宿がいまの体制の一表現となっている理由である、と（『新宿は、おんなの街である。』）。

歌舞伎町は一見して非政治的な〝街〟のように思えるが、その裏では、じつに政治的な色彩の強い〝街〟なのである。

たとえば、『現代コリア』一九八四年十月号で、韓国のライオンズクラブ国際親善委員長である方盛民《バンソンミン》が「キーセン観光はもう終わりにしましょう」。韓国人と日本人の関係は「これから、ですよ」とインタビュー記事で語る一方では、韓国の民主化運動青年連合女性部は、この地の娘たちがなぜ日本人に身を売らなければならないのか？と問うている。そして、このごろ、日本の大都会では趙ヨンピルブームとともに、演芸人公演という美名の下にキーセン輸出が好況を呈し、東京はもちろん大阪だけでも韓国版輸出料亭が五十余ヶ所にのぼっている、と指摘している。

こうしたことは韓国だけではなく、台湾や、鎌田《かまた》慧《さとし》が『アジア絶望工場』で記しているようにフィリピンでも同様である。さらに、ビルマ、インドネシア、シンガポール——つまり、それは東南アジア全体におよんでいる。

〝からゆきさん〟から〝じゃぱゆきさん〟の問題は、いま、新宿・歌舞伎町という一地域に集中的にみることができる。

こんどのポルノ規制に、朝鮮あるいは中国、台湾系の陰のオーナーたちがどのように係わり、日本人の経営者たちがどのように係わっていたのか、そのことはいずれ明らかになるであろうが、国際的な歓楽街、歌舞伎町の裏舞台は、そう簡単にはわれわれのまえにはその姿を現わすまい。こんどのポルノ規制という一見非政治的な動きは、けっして日本だけの問題ではなく、じつは、南北朝鮮あるいは中国と台湾、そしてフィリピンをも含めた東南アジア全体の〝じゃぱゆきさん〟の問題なのである。

いま、国際的な〝商業〟の舞台としての新宿・歌舞伎町は、外国資本の企業進出などによる「売春」という問題を媒介しながら、きわめて政治的な色彩の強い〝街〟として機能している。

さて、こうした新宿の風俗営業に関する風紀上の乱れは、なにもいまに始まったわけではない。江戸三百年以来このかた「お上に逆らわず、従わず」というのが、本来的にもつ新宿の体質なのである。

新宿に渦まく〝生〟のエネルギーは、PTA的に制止しようとしても制止しきれるものではない。過剰にエネルギーをもつ若者たちのもてあましたストレスの発散、解消の〝場〟として盛り場が成りたつとすれば、そこに必然的に風紀上の乱れは生じる。しかし、その場合の風紀の乱れはPTA的なもののみかたとは逆に、若者の肉体と精神の健康を意味する。若者のエネルギーの発散の〝場〟——それが新宿なのである。

たとえば、一八二七（文政十）年に高円寺村や阿佐ヶ谷村、天沼《あまぬま》村、荻窪村など、新宿村近辺の二十一ヵ村の名主、年寄、百姓が、町奉行に提出した「乍恐以書付《おそれながらかきつけをもって》奉願上候《たてまつりねがいあげそうろう》」で始まる上申書を見ると、そこには、「村役場に勤める百姓のせがれどもが、新宿の遊興に金を使いこんで勘当《かんどう》された」とか、また「村の若者が小唄や三味線を覚えて困る」とか、「娘が新宿の遊女の衣類などの流行に染まり、遊女たちがつかうことばをまねしてこまる」、あるいは「村々の者どもが用事にかこつけて、新宿にみだりに出入りし、帰宅が遅くて困る」などという苦情があふれている。そして、村の者一同なやんでいる実情を述べ、なんとかしてほしいと願いでている。

昨年、新宿のＰＴＡの人々や商店会あるいは住民の人々が、百五十年以上も経た現在の歌舞伎町に集まる若者の姿に対してこれと同じような苦情を述べ、都や区に陳情したそうだが、まったくその事情のよく似ていること、思わず苦笑を誘うほどである。踊りをディスコに変え、小唄や三味線をカラオケやロックバンドに変え、遊女屋をソープランドやファッション・マッサージに変えれば、それは現代のことかと見まがうほどにそっくりである。

「お上に逆らわず、従わず」といった、きわめてアナーキーな新宿のもつ歓楽街としての体質は、江戸以来少しの衰えもみせず、今日まで根強く生きつづけている。

新しい宿の始まり

ところで「新宿」とは、読んで字の如く、「新しい宿」の意味にほかならない。それは、どのように新しかったのか。——ここで、少し「新宿」の成り立ちをのぞいてみる。

慶長八年(一六〇三)、徳川家康が江戸に幕府を開いた。

翌九年、全国統制、経済交流を目的に一里塚を築き、日本橋を起点に、東海道、中《なか》山道《せんどう》、日光街道、奥州《おうしゅう》街道、甲州街道の五街道を制定した。

そのうちのひとつ、甲州街道は、日本橋から呉服橋、外堀通り、麴町《こうじまち》、四谷大木《おおき》戸《ど》(いまの四谷区民ホールのあるあたり)までが府内の道筋で、さらに内藤新宿、下高井戸、上高井戸、国領《こくりょう》、下布田《しもふだ》、下石原、府中、日野、横山、駒木野、小仏《こぼとけ》(以上都内)を経て下諏訪で中山道に合流した。

『新編武蔵風土記稿《しんぺんむさしふどきこう》』をみると、

内藤新宿は甲州道中宿駅の一なり、御打入の後内藤大和守に給ひし屋敷の内を、後年裂て上地《あげち》となりし頃も、萱葭原なりしを、元禄十一年(一六九八)江戸浅草阿部川町の名主喜兵衛及ひ浅草の町人市左衛門、忠右衛門、嘉吉、五兵衛と云者、願上て今の如く幅五間半の街道を開き、左右に宿並の家作をなし、喜兵衛は喜六と改め、五人共に移り住せり、元内藤氏の屋敷なりしゆへ、其儘内藤新宿と名付、江戸より多摩郡上下高井戸宿まて人馬継立の駅亭とせしか、享保三年（一七一八）宿駅を止められて御料の町場となりしに、明和九年（一七七二）安藤弾正少弼道中奉行たりし時、元の如く宿駅に建られ……日本橋より二里、東は四谷大木戸、武家屋敷、東南は内藤大和守下屋敷、南は又武家屋敷、四谷天龍寺境内（現新宿四丁目）、坤は同寺門前地にて、西は角筈村、北は大久保百人組屋敷、四谷大宗《ママ》寺門前……東西九町余、南北一町に足らす、皆家並をなし、七百三十八軒に及へり

と内藤新宿の成立の概要を紹介している。

文中にいきなり「御打入」という耳慣れぬコトバが出てくるが、それはつぎのようなことを示している。つまり、家康が関東入国に際して、家臣の内藤氏に四谷方面の調査を命じた。北条・武田氏の残党や野武士の襲撃を恐れてのことである。そこで内藤大和守は伊賀組鉄砲隊を率い、現在の新宿二丁目あたりを中心に布陣《ふじん》して、遠見やぐらを構えて警備にあたり、家康を無事に入城させた。それが「御打入」の意味であ

る。

そして、内藤氏は家康を無事入城せしめたその功によって、布陣していた土地をそのまま拝領した。現在の東は四谷、西は代々木、南は千駄ヶ谷、北は大久保にいたる約二十五万坪という広大な面積である。引用文中にもあるように、内藤氏の拝領《はいりょう》した当時の新宿は、あたり一面カヤ、アシの生い茂る原野で、玉川上水が流れるようになるのは六十年以上後のことである。

元禄十一年（一六九八）、浅草阿部川町（現在は台東区元浅草三、四丁目）の名主喜兵衛らが内藤氏屋敷内の一部に宿場の開設を幕府に願い出て、権利金五千六百両（いまの金額でいうと約二億円に近い？）を上納して営業権を確保した。内藤氏は屋敷の一部九千六百六十坪を上地《あげち》し、名主喜兵衛は高松喜六とその名を改めて新しい宿場の名主となった。

内藤氏の下屋敷近くには、この宿場開設の以前から旅舎旗亭《りょしゃきてい》の類いがあって、誰がいうともなく内藤宿《しゅく》と呼ばれていたが、この内藤宿に対する新しい宿駅の設置に際して、内藤をそのままとって「内藤新宿」と名付けられたという。

新宿の開祖というべき高松喜六は、もと上総《かずさ》の人で、のち江戸に出て浅草阿部川町名主となり、さらに草茫々《ぼうぼう》の新宿の開発に企業進出を賭けた男である。高松氏は代々喜六を名乗って名主をつづけ、それは明治までつづいた。

初代喜六は正徳三年（一七一三）八月に歿した。墓は現在の新宿若葉町二丁目九番地の愛染院《あいぜんいん》にあって、墓石横に「内藤新宿開発人」と刻まれている。こうして「新しい宿」としての「新宿」は、高松喜六らによってその第一歩が印されたのである。

ここで忘れてはならないことがひとつある。それは、内藤新宿の産業に大きくかかわった青梅《おうめ》街道である。

「追分《おいわけ》」とは、街道の分岐点をいうのだが、現在でいうと新宿三光町交叉点（現・新宿五丁目交差点、編集部注）あたりがそうだったのではないだろうか。いまでも、新宿通りに面した「追分だんご本舗」とか、新宿通りに面した伊勢丹の角の十字路にある「警視庁四谷警察署追分交番」といった名前の建物が、その名残りをとどめている。むかしは、このあたりで甲州街道と青梅街道がY字の形で分かれていたのである。

青梅街道は慶長十一年（一六〇六）に開かれ、江戸時代における脇街道であった。この街道は内藤氏の追分で甲州街道から分かれて、角筈《つのはず》（いまの新宿東口、アルタの前を過ぎ大ガード下を通る）、柏木、中野、高円寺、馬橋《まばし》、阿佐ヶ谷、天沼、上荻、上井草、上石神井《かみしやくじい》、関町、上保谷《かみほうや》、田無《たなし》、小川、箱根ヶ崎、新町、青梅にいたり、さらに、氷川、川野（以上が都区内）、塩山《えんざん》、酒折《さかおり》（以上山梨県）で再び甲州街道に合流する。

青梅街道は、江戸市街の整備、江戸城構築が本格化するなかで、その構築材として使用する石炭を、青梅の成木、小曾木あたりから求められ、その運搬のために開かれたという。また、のちには武蔵野の開発、奥多摩の木材、絹織物、薪炭の輸送に利用された。関東大震災ごろまでは角筈一帯（現在新宿三丁目から新宿駅中央口前あたり）は、炭屋と石炭屋が大きく場所を取っており、武蔵野館の付近まで真っ黒な店ばかりであったという。

――いずれにせよ、新宿は交通の要衝《ようしょう》であり、それに加えて商業の心臓部としてますます人々の集中する可能性にみちていた。浅草から流れて来た喜兵衛たちは、「内藤新宿開発人」などといわれているが、もともと吉原の遊廓の経営者たちである。いまでいう風俗営業のことについても当然、計算されていたはずである。

なにしろ、甲州街道は諏訪藩、高遠《たかとお》藩、それに飯田藩の三藩が参勤交代で利用するし、それに公用の人馬以外にも商人や貨物の往来が目にみえて増加している。ここに宿駅をつくり、常備の人馬を置き、荷物運搬の「宿継ぎ」を保証してそれらの差配をする問屋場《といやば》（宿駅の事務所）を経営すれば、利潤のあがること請け合いである。それに、大名、公武役人の宿泊所である本陣を設ければ、その利益もばかにならない。

とにかく、新しく企業を進出させる土地として、これだけ条件をそろえた格好の場所は、いくら江戸広しといえどもほかにはない。幕府から許可がおりるや喜兵衛は内藤新宿の名主となり、ことは計画どおりにはこび、成功し始めた。

喜兵衛らはもともと浅草の遊廓の経営者であったから、旅籠屋《はたごや》も経営するし、茶屋も経営した。当然、足洗い女とか飯盛り女と称して売春婦も置いた。こうして初代喜兵衛たちの計算は内藤新宿においてすべて成功した。いや、成功したかにみえたのである。

ともあれ、日本橋を起点とする五街道が公用道として開設されたのは、江戸幕府開府の翌年慶長九年、つまり一六〇四年のことである。したがって、内藤新宿の宿場が設置されたのは、甲州街道開設後九十五年めということになる。

大八事件

ところが、一見、ひじょうに繁栄していたかにみえた内藤新宿は、享保三年（一七一八）に突然廃駅となる。開駅してわずか二十年しかたっていないのだ。喜兵衛たちが宿場の開設のために五千六百両という巨額の権利金を上納して、やっと営業権を確保した土地である。それが、二十年ほどで、せっかく繁栄しかけた宿駅を廃止させられてしまったのである。

さきに引用した『新編武蔵風土記稿』文中に、享保三年宿駅を止められて……明和九年安藤弾正少弼道中奉行《だんじょうしょうひつどうちゅうぶぎょう》たりし時、元の如く宿駅に建られ云々――とあるが、宿駅を止められて、のちに元通りになったと、なんともそっけない書き方で、その間の事情がわからない。また『江戸名所図会』の内藤新宿の項には、「故ありて享保の始め廃亡せしが」とあるだけで、これも要領を得ない。

たしかに、享保三年に宿駅は廃止させられるのであるが、同年の御触書《おふれがき》には次のような内容が示されている。

つまり、内藤新宿は甲州に向かうだけの道筋であり、旅人も少ないし、宿場として新しいのであるから廃止する。家も百姓町屋にして商売渡世《とせい》をせよ。これからはみだらにならぬよう申しつける。馬継ぎも従来のように日本橋から高井戸までとする。新宿の旅籠屋は二階の座敷は残らず取払え――というものである。

ところが、『参考落穂集《さんこうおちぼしゅう》』には、

享保中、彼駅舎足洗ひ女ども、猥《みだり》に遊客を引入れしより、法外の事出来て……

云々とあるように、「法外の事」つまり事件が新宿の旅籠屋でおこったのである。どうも、これが、廃駅の直接の原因になったらしい。このことについては「新宿懐古」の著者大山敷太郎《しきたろう》もふれている。

宿場としての新宿は、すでにこのころから風紀上の問題として「お上」から目をつけられていたのである。

さて、「法外の事」というのはどのような事件だったのか。これは俗に大八事件ともいわれる。

享保のころの時代は、農業生産の発展とともに商業の発達も目ざましく、新興町人階級の台頭した時代であり、商品の流通も全国的に行なわれ、交通の増大とともに街道の往来も繁《しげ》くなっていた。こうした旅行者を相手に、宿場の旅籠屋では、足洗い女とか飯盛り女を置いた。彼女らは、表面的には旅人や客の足を洗ったり、食事の給仕をする女性であるが、その実は、遊女なり売春婦であった。そして、往来からみえるところで働く足洗い女は大衆的で、飯盛り女のほうは金持の相手をする高級売春婦であったらしい。当時の江戸では、公娼としては吉原だけが公認されていた。したがって、新宿の遊女は当然もぐりであった。

そして、このもぐりの遊女と旗本のバカ息子が引きおこしたのが、「大八事件」なのである。

その経緯は、つぎのようであった。

四谷大番町（現在の大京町《だいきょうちょう》）に住む四百石の旗本内藤新五左衛門の弟に大八なる者がいた。名前からみると大柄な体格を想わせるが、実際は小兵であったらしい。そのくせ堂々たる三尺の大刀《たち》に鯨雪駄《くじらせった》ばきという格好で、新宿までよく遊女買いにかよっていた。

ところがある日、新宿の旅籠屋信濃屋に遊びにいったとき、なじみの遊女がほかの客のところに行ったきり出てこない。頭にきた大八は、その遊女を強引に自分の部屋に引き連れてこようとしたが、その際に旅籠屋の下男に殴打された。そのままおめおめ戻ってきた弟の大八を見て怒ったのは、兄の新五左衛門である。「武士の恥、家の恥」とばかりに大八を打首《うちくび》にしたうえ、その首を引っさげて大目付《おおめつけ》松平図書頭《ずしょのかみ》のところに行き、「自分の知行《ちぎょう》を返上するから、そのかわりに内藤新宿をお取りつぶしにしてください」と懇願した、という。

大目付としても、直参《じきさん》旗本の弟ともあろうものが旅籠屋の下男ふぜいに殴打されたばかりか、当主が弟の首を斬りとって懇願に来たと相なっては、捨ててもおけない。

それに、もはや世間で知らぬ者もいない大事件になってしまった。

余談になるが、数年まえの春ごろであったか、東宮侍従長が昼飯時にのこのこ新宿のトルコ「クイーン」に遊びに来て、帰りには腹上死というじつに間抜けた事件があったのを思い出した。――ともあれ、内藤新五左衛門の懇願は受け容れられ、内藤新宿廃駅という形で一件落着をみた。

この事件の背景として、このころの江戸の武士の気風は堕落し、宿場町には享楽と怠惰というアナーキーな雰囲気がただよっていたようである。享保三年は八代将軍吉《よし》宗《むね》が就任して二年後にあたり、吉宗の政治改革の主な目的は、疲弊していた財政の再建と世相一新のための節倹と尚武にあったから、思いもよらぬ「大八事件」という機会を得て、その行政の一端が内藤新宿取りつぶしという政治解決にでたものとおもわれる――。

内藤新宿は廃駅となった。

享保五年の「高松文書」によると、廃駅で仕事がなくなり、ただちに困ったのは馬《うま》持《もち》とか人足《にんそく》であった。それに旅籠屋は取りつぶしにあって大打撃を受け、つぎつぎとほかの土地へ去ったり、踏みとどまった者も煮売り商などに転業したりせざるをえなかった。

そのうちに、家屋や店の家主たちも借り手がいなくなってだんだん生活が困窮し、渡世送り兼迷惑至極と、名主、年寄たちが連署で、宿駅再開を許可していただければ冥加金一千百両（約五千万円）を差しあげるからと道中奉行に請願書を幾度もだしたが、どうしても聞き入れてくれない。そこで、いたし方なく、付近の野原を開拓して田をつくって生活をたて始める者が出て来た。これが内藤新宿新田《しんでん》と呼ばれるものである。いま、新宿文化センターの方面に歩いてゆくと「新田裏」というバス停（現「日清食品前」、編集部注）があるが、その地名が当時の名残りである。

お上に逆らわず、従わず

それから五十年余たった――。

そのあいだに、江戸の街は商業も発達し、人馬の交通も増え、ふたたび内藤新宿の再開が現実的な必要性の問題として浮かびあがってくる。甲州街道を利用する人馬の数からいって、日本橋―高井戸間十六キロという距離は、宿駅間としていかにも長すぎて不便になったのである。

そこで、内藤新宿の名主五代目高松喜六が、名主として宿駅再開の何度目かの請願書を出した。

請願をうけた道中奉行安藤弾正少弼は、日本橋の大伝馬町《おおでんまちょう》馬役馬込勘解由《まごめかげゆ》、南伝馬町馬役吉沢主計《かずえ》に諮問《しもん》した。明和七年(一七七〇)のことである。その答申の内容は「江戸より高井戸まで四里余の所、内藤新宿に宿駅を設けると二里ほどになり、急御用や風雨の際にはとくに便利となる。宿駅を設けてもなんらさしつかえもないし、またかつてさしさわりもなかった」(「高松文書」)という主旨であった。

そして、明和九年(一七七二)二月、ついに内藤新宿の再開の決定が行なわれた。再開に際して、その条件として年貢を一年につき十六両一分、さらに冥加金として年百五十五両あて上納することで決着がついた。また同年、江戸四宿の飯盛り女の数も定められ、品川宿は五百人、板橋、千住、内藤新宿は、それぞれ百五十人と決められた。

ところで、内藤新宿が再開されるや、新宿には旅籠屋が、たちどころに三十八軒も並んだ。廃駅当時は二十九軒であったから、九軒も多いわけである。それから二十七年後の寛政十一年(一七九九)には、さらに五十二軒に増えている。茶屋のほうは、再開当時が五十軒であったのが、三十四年後の文化三年(一八〇六)には六十二軒に増えている。これらの店々が、甲州街道(現在の新宿伊勢丹前の「四谷警察署追分交番」あたりから四谷区民ホールぐらいまで)の両側に軒を並べて商売繁盛を競った。

それかあらぬか、内藤新宿では五代目高松喜六の功績を称え、しかもその人柄を徳としていたようである。たとえば、「豊多摩郡誌《とよたまぐんし》」には、

廃駅後当時尚ほ未だ開駅に至らず、駅民の生計の途を失へる者多くして、困憊愈々甚しきを視るに忍びず、幕府に向ひて懇請頗る力め、明和九年再び開駅を允許さる、駅民始めて蘇生の感あり、明和の立返駅と称して深く喜六を徳とし、維新当時に至るまで復活の日を以て其の祭典を行へり

と記されている。もと浅草の遊廓の経営者がここまで立身出世するとは、おそらく当の本人も夢想だにしなかったのではなかろうか。

だが、立身出世したとはいえ、もともとが遊廓の経営者である。「お上に逆らわず、従わず」というのがその経営のモットーである。やる事にそつはない。

高松喜六たちは、内藤新宿の再開にあたって、連名で「旅籠屋連判帳」や「茶屋連判帳」なるものを「お上」に提出している。そこにはつぎのようなことがしたためられている。

御法度はもちろんのこと、御触れに至るまで必ず守ります。
御用宿は差し支えないよう相勤めます。
火の元には十分気をつけます。
旅籠屋の家作は華麗にいたしませんし、また飯盛女の客引きはいたしません。
旅人で怪しいと思われる者があればさっそく御注進いたします。
旅客の荷物が紛失しないよう大切にいたします。
旅籠の主、家内の者たちも身分不相応な衣類は着用いたしません。
飯盛女を抱えるときは、国元、親類をよく確め、証人をとります。
旅客には定まった木賃銭をいただきます。

——等々である。

高松喜六たちが作成したのは誓約文とはいっても名ばかりで、もともと空《から》の約束ごとで、はじめから反古《ほご》同然であった。したがって、このようなことがほとんど守られなかったことはいうまでもない。が、ただここで、ひとつだけ守られたことがあったという。それは、旅人で怪しいと思われる者があればさっそく御注進いたします——という、自分たちの営業に差し障りのあることに関してだけは、さすがに実行していたようである。

これまで、内藤新宿の開駅、廃止、そして再開について書いてきたが、再開後は、飯盛り女は置かぬという誓約も反古となり、宿駅とはいえ、遊廓の趣きをいっそう濃くしていくことになる。

『岡場遊廓考』に、「世俗奇語に云」として、つぎのような記述がある。

「此地、甲州街道旅籠屋飯盛女あり、明和安永の頃は殊之外盛んなり、陰見世には美服を著し、紅粉の粧ひ、恰も吉原におとらぬ春花を置いたり、見世は三人づつはる事なり」

また、「江戸図解集覧に云」として、

今按るに、旅籠屋政田屋・和田屋・国田屋・山崎屋・高砂屋など玉揃といふべし、山崎屋は越後国の玉多し、料理よろし、政田屋は美玉にてきやんなり、国田屋は坐敷奇麗なれば人のたとへ、政田屋の玉をならべ、山崎屋の料理にて、国田屋の坐敷にて遊ばんといへり、吉原よりも女郎来る事あり、茶屋は山科屋を第一とす……

などと、贅沢《ぜいたく》なことをいっている。

だが、江戸の洗練された川柳子などは「吉原は蝶新宿は蛇が舞ひ」などといって、いたって手きびしい指摘もある。

こうして、宿場としての新宿は、売春取り締まりも緩和され、黙認されるようになるにつれて、日ごとに本格的な遊廓と化していった。たとえ、「内藤新宿馬糞の中であやめ咲くとはしおらしや」とか、「馬糞の中によ、女郎あるとは、つゆしらず」と皮肉られ、あるいはまた、街道の馬がうるさいからといっては、「新宿の芸者自然と声が立」などと、田舎くさい宿場、遊廓の町の〝馬糞横町〟といわれてもである――。

ここで気がついたことであるが、新宿廃駅の原因ともいうべきあの「大八事件」の舞台である信濃屋についての記述はどこにも見あたらない。

街道の人々

ところで、現実に内藤新宿の街を、どのような階層の人たちが支えてきたのであろうか。それをみてみよう。

昭和三十年に最初に刊行された『新宿区史』によって、内藤新宿、それに四谷方面の商家の屋号をながめてみる。当初は屋号に出生地を名乗る者が多かったから、それによってある程度の出身地は判明するはずである。

次の表は、内藤新宿、四谷方面にのこる十六の寺の過去帳から、寛政、享和、文化、文政、天保の約五十年間にわたる記録を抜き出したものである。

屋号	軒数	屋号	軒数	屋号	軒数	屋号	軒数
三河屋	二一八	伊勢屋	二一五	近江屋	一四一	上総屋	一三〇
大阪屋	九六	尾張屋	九一	相模屋	七三	甲州屋	七二
安土屋	六四	上州屋	四六	武蔵屋	四一	和泉屋	三八
大和屋	二八	越後屋	二八	美濃屋	二五	駿河屋	二二
永の屋	二一	越前屋	一九	大津屋	一八	山田屋	一六
吉田屋	一六	遠江屋	一五	河内屋	一四	常陸屋	一三
紀伊国屋	一二	川崎屋	一一	秋田屋	一〇	堺　屋	一〇
信濃屋	一〇	最上屋	九	山崎屋	九	秩父屋	七
遠州屋	七	水戸屋	七	紀州屋	七	能登屋	六
山口屋	六	出雲屋	六	下総屋	六	川越屋	六

吉野屋　五　加賀屋　五

等々で、ほかに少ないところで東北の福島屋とか、四国の土佐屋、あるいは九州の長崎屋などの屋号もみられる。

これらの地名は、ほぼ日本全国にまたがっている。そして、ここでとくに注目されていいことは、内藤新宿が甲州街道や青梅街道にあるからといって、けっして甲州方面、青梅方面の地名が多くはないということ、むしろ、東海道筋からの出身者が多いという意外さである。

「江戸は諸国のはきだめ」と、天保の時代からいわれていたが、この表をみるかぎり、江戸が諸国のはきだめだとすれば、新宿はさらにその吹きだまりだったといってよい。このことは、今日の新宿を特徴づける性格を、すでにこの時代の新宿自体がかかえこんでいたことを示している（現在の新宿ゴールデン街の経営者の出身地も、ほぼこれと同じような割合で形成されている。このことは後で述べる）。

また、さきほどの同じ過去帳からこんどは、内藤新宿、四谷方面の住民を業種別にながめてみるとつぎのようになる。

業種名	軒数	業種名	軒数	業種名	軒数	業種名	軒数
大工	二二五	茶屋	六二	左官	五八	植木屋	五七
旅籠屋	五二	屋根屋	四七	八百屋	四四	桶屋	四三
魚屋	三九	花屋	三三	塗屋	一九	米屋	一九
錺《かざり》屋	一九	車屋	一九	髪結	一七	佃煮屋	一五
豆腐屋	一四	鍋屋	一四	仕立屋	一三	木屋	一三
糖飴屋	一一	芋屋	一〇	土屋	一〇	溜屋	一〇
表具屋	一〇	人形屋	一〇	水菓子屋	一〇	道具屋	一〇
トビ	一〇	本屋	一〇	筆屋	九	指物屋	九
湯屋	七	煙草屋	六	馬具屋	六		

等々。

さすが、四谷新宿馬の糞といわれた街道筋だけあって馬具屋が六軒もある。この中で湯屋七軒とあるのは、遊女屋ではなく、たぶん銭湯ではなかろうか。また、ここで目をひくのは植木屋の五十七軒であるが、それは新宿・四谷一帯に広大な大名の上屋敷や下屋敷があったからである。

こうして表をながめてみると、なんといっても大工・左官、あるいは屋根屋などといった土建業者が圧倒的に多いのが目につく。このことは、内藤新宿がまだまだ田舎で、新開地であったことを裏書きしている。また、新宿が、地方から流入して来た職人たちにとって、仕事を提供してくれる「新しい宿」であったということでもある。そして、この表から察するに、新宿は新開地だけに自由な空気にあふれている。この自由と気楽さから、日本各地の商・工業者や職人が新宿に集まって来たこともうかがえよう。

しかし、たとえば、旅籠屋と茶屋が合計百十四軒もあったということは、やはり新宿は、すでに歓楽街としての性格を身につけていたことを物語ってはいないだろうか。

町屋と寺社と寺社奉行

ここで、幕末から明治初期にかけての新宿・四谷近辺の状況を『東京府志料』(明治七年)によって見てみると――

四谷は「甲州街道区の中央を貫き人烟稠密《ちゅうみつ》市街繁盛にして其景況昔日に異ること

なし、其他藩邸土地の蹟は大抵寂寥たり」とあり、また、内藤新宿は「甲州街道の初駅にして妓楼《ぎろう》あり頗《すこぶ》る繁華なり、又旧幕士邸もありしに一新後皆毀撤《きてつ》し上地《あげち》となれり」とあって、商業を営む地域ではほぼ江戸時代と変わらずに街道の両側に旅籠屋や茶屋などが軒を並べ、旧時代と同じ形態で商売が行なわれていたのであろう。

武家たちの住む旧藩邸はことごとくさびれてしまい、広大な大名屋敷は、尾張徳川家上屋敷が陸軍士官学校（明治八年／現在自衛隊）に、また同下屋敷が陸軍戸山学校（明治六年／現在戸山ハイツ）となり、内藤氏下屋敷は勧業寮試験場（明治五年／現在新宿御苑）となり、明治の新政府の新たな施設に転用された。

あるいはまた、たとえば四谷荒木町——ここは、もと大名屋敷だが、山の手の人々の遊興の場として花柳《かりゅう》界に生まれ変った。この町は松平摂津守《せっつのかみ》の屋敷地で、昔は中心部に大きな池のあるすりばち状の形をしていたという。

明治十年頃、この屋敷の一画に、市川団之助や泉十五郎らが小田原から「桐座」を移転して芝居小屋をこしらえ、それまで原っぱであった殺風景な町は、にわかに非日常的な界隈性を帯びた空間へ変身してゆき、明治二十年代は全盛をきわめたらしい。桐座の後身「瓢座」が火事で焼失すると、今度は芸者屋や待合が建ち、大正期には、江戸情緒を偲《しの》ばせる花柳界がすっかりできあがったという（東京のまち研究会）。

では、明治も過ぎ、大正時代に入ると、内藤新宿はどのような形態をとっているか。大正五年刊の『豊多摩郡誌』をのぞいてみると、つぎのような状況を呈していた。

「地形頗る勝れたれば百貨集散商業殷賑《いんしん》の地たるべきに拘らず、事実は全く之《これ》と異なり、商況振はず街路閑寂にして、全町の気勢亦た甚だ揚らざるものあり、蓋《けだ》し町中枢要の地は多く妓楼の占むる所にして、白日猶《な》ほ戸を鎖せるもの、大廈高楼《たいかこうろう》数町に亘りて市況の賑盛を防ぐること尠なしとせず」、また「一部有志の妓楼移転問題を論議するものある偶然ならずと謂ふべし」とある。

新宿の風俗営業の乱れが、ここでまたまた持ちあがったというべきか。だが、この問題は、偶然にも大正九年の新宿大火で一応の決着をみることとなる（そのことは後述する）。

また、『豊多摩郡誌』はそれにつづけて、

農業は維新以後南町添地町北町等に若干の田畝《でんぽ》ありしも今は町中尽く邸宅を以て充たされ、亦た農を業とするものなく、明治三十一年中当時の町長高松喜六が率先組

織したる町農会ありといへども、殆ど活動の余地なきもの丶如し
——と、新宿の住民が農業をしないことを嘆いている。

だが、いくら嘆いても、どだい無理な話である。なぜかといえば、四谷・新宿は、甲州青梅両街道の出入口にあたり、この街道には町屋が軒を並べていた。新宿地域内で町屋はいくつあったか。『文政町方書上』によると、すでに百三十五もあり、そのうち門前町屋は五十四である。

だいたい町屋とは、門前町という呼称が示すように、神社や寺を中心にしてできることが多かった。門前町屋とは、寺社の所領する土地を貸し付けて商店を開かせたものである。

たとえば、新宿歌舞伎町二丁目に花園神社がある（もとは新宿三光町といったのだが、四年前の町名変更で三光町も歌舞伎町にくみ入れられた）。このごろは、神社そのものの由緒よりも、春と秋の二シーズン、毎週金・土・日曜日に境内にテントを張って催される唐十郎《からじゅうろう》率いるところの状況劇場の芝居や、十一月の酉《とり》の市《いち》で有名であるが、江戸時代には、稲荷山三光院花園社と称されていた神社なのである。三光院のほうは明治の初めに廃絶されて、三光町という地名にだけのこり、それ以来花園神社と

呼ばれている。

花園神社は〝新宿ゴールデン街〟からいえばちょうど裏にあたるのだが、この神社は経営上の理由から、すでに江戸時代に境内を貸して芝居小屋を建てさせていたことが記録にみえる。

花園神社は、たびたび火災にあったらしく、その復興修復助成の名のもとに、寺社奉行の許可を受けて、芝居小屋、見世物小屋、茶屋、水茶屋などを建てさせて、借地料をとっていたのである（そういえば、最近の花園神社は、有料駐車場をやめた替わりに、年中、古道具市を開催している）。

これは安永九年（一七八〇）から始まったらしいが、享和三年（一八〇三）正月の火災でまた焼失してしまったので、文化末年（一八一八）にふたたび寺社奉行の許可を受けて、こんどは本格的な劇場を造り、浄瑠璃、操り人形などの興行をすることになった。これは成功して、「三光院芝居」の名前で江戸中に知られ、境内は大賑わいだったという。とくに、三光院花園社の神社祭の時などは、神社から甲州街道沿いの遊廓まで橋灯籠を懸けて、怪我人すら出るほどの混雑ぶりであったらしい。

いずれにせよ、寺社奉行と寺社と町屋の三者は、相互発展のためにきわめて密接な関係にあった。したがって、遊廓という辺界の悪所《あくしょ》も、寺社との密接な関係の上に成立し、保護され、発展してきた——と、いっても過言ではあるまい。

いまでは、新宿に遊廓と名のつくものこそないが、売春行為は、どんなに取り締りがきびしくなっても、手を替え品を替えて行なわれている。この内藤新宿以来の土地の性格といったものは、今後も保持されるにちがいない。それが新宿なのである——。

第二章　ゴールデン街のできるまで

明治の遊廓

前章でみたように、新宿を語るとき、かつての遊廓の存在は欠かせない。明治のころの新宿の遊廓には、江戸時代以来の宿場の女郎屋という感じがまだ色濃くのこっていた。

誰でも、この街道を通る人は、必ず不思議な、不自然な心持のする中に入って来た感じが起るだらう。唐突に、大きな屋根瓦の丈の高い日本建の家が、街の両側に続いて居るのが目に入るだらう。……大きい幾階も重った家には、目の細い格子がぎっしりと嵌って居る。

（『東京の印象』）

両側には町家の間々に、遊女屋ののれんが見える。街頭も、今のやうに明るくないこと勿論で、その薄暗にまぎれるやうに、ぞめきの客がうろついてゐた。……明治時代の新宿名物といへば、まづこの宿場女であった。

（『新武蔵野物語』）

太宗寺へ来る新宿の町の両側には、のれんを掛けた、風呂屋のやうな暗い家が沢山あった。時には赤い裏のきたない布団が、二階の欄干にほしてあった。一緒に行った姉に訊いても、汚い家だといって教へてはくれなかった。殊に年少の私に不思議な感じを与へたのは、それ等の家の中でも土蔵造りになってゐる二階の壁には、那須の与一が弓を引いてゐるところとか、或ひは竹に虎とか、浪に朝日とか、まるで凧の絵みたいな漆喰細工の飾り絵がしてある事だった。今後再び私達は、あゝいふ素朴な飾りのある家を見る事は出来ないだらう。が然し今になって考へて見ると、あの漆喰細工の幼稚な装飾は、如何にも当時の宿場らしい感じを出してゐたやうに思はれる。　　　　（『大東京繁昌記』）

これは、野村敏雄の『新宿裏町三代記』（青蛙房刊）からの引用であるが、著者によると、この漆喰絵のあった遊廓は新宿一丁目の「玉利楼」だという。

この遊廓のあった一帯は、いまでいうと、新宿通りに面して伊勢丹と丸井のある交叉点、ちょうど真向かいに四谷警察署追分交番のあるあたりから新宿予備校を通って太宗寺前、新宿御苑前を通り抜けて四谷区民ホールのある新宿一丁目、四谷四丁目の大木戸交叉点ぐらいまで伸びていた。追分から大木戸までの一帯、つまり、新宿通り一帯の両側に、五十三軒の遊廓がバラバラに軒を並べていたのである。そのなかには、「池美濃」「大美濃」という大きな構えの遊廓もあり、それはいまの伊勢丹のところにあった。

当時、遊廓は張り見世であった。いまのわたしたちには映画か写真でしか目にすることはできないが、張り見世は廊下より一段高くなっていて、お職《しょく》から順々に並んで席に坐った。格子のむこうの妓《おんな》たちは「しかけ（打掛）をきて、まっかな繻絆《じゅばん》で、半巾帯《はんはばおび》を前でグッとはさんでいた。そのしかけも、吉原の大籬《おおまがき》とちがってはいるが、清少納言の御簾《みす》をかかげた、香炉峰《こうろぼう》の雲見の図や、石山寺の紫式部の刺繍《ししゅう》のあるものだった。夏はちりめんや縮《ちぢみ》の白や水浅黄の首ぬきで、うす桃色のこれもちりめんや唐ちりめんのしごきを、だらりと前にたらして裾をながし……」朱塗りの見台《けんだい》を前にぞろりと居並び、これも朱塗りの長キセルをふかして客を待っていた。

こうした情景も、張り見世が写真に変わり（大正五年）、妓楼も一ヵ所に集められるようになると、もうみられなくなった――と元「住吉楼」の内儀で作家の神垣とり子は『内藤新宿の思い出』で語っている。

張り見世から写真へ――。このころからすでに遊女たちの人権が問題になり、格子戸越しに姿を直接お客に晒すのではなく、写真で客が遊女を指名するという間接的な方法がとられた。これなどはいかにも傾城《けいせい》遊里の考えそうなやりかただが、また、それは同時に遊廓における明治のおわりでもあった。

いま歌舞伎町のノーパン喫茶やのぞき部屋、あるいはデート喫茶の看板に踊り子たちの写真が大々的に並べてあるが、これなどは遊廓の張り見世が写真に変わったときとそのままのやりかただといっていい（どうも、女郎屋の経営者というものの発想は、時代がどう変わっても本質的にはあまり変わりばえがしないらしい）。

新宿通り一帯に散らばっていた遊廓に対して、一ヵ所に移転せよと警視庁から命令が出されたのは大正七年三月であった。移転先は新宿二丁目の牛屋《うしや》の原《はら》である。『新宿区史』によると牛屋の原は俗称で、もとは耕牧舎《こうぼくしゃ》という牧場だった。芥川龍之介の実父、新原敏三《にいはらとしぞう》が明治二十一年から経営し、六千坪の牧場内に六百坪の畜舎を置いて牛を飼育していた。が、宿場の発展にともない、臭気も強く周囲の環境にそぐわぬという理由で大正二年警視庁から移転命令が出され、牧場は廃棄し、その跡地がしばらく原っぱのまま置かれていた。この原っぱは、ふだんは子供の遊び場であったが、凧揚げ大会があったり、盆踊りの時には香具師《やし》の見世物小屋が出たり、曲馬団《サーカス》小屋が建ったりしていた。

この空地へ新宿の遊廓を一挙にまとめることになったのである。『新宿裏町三代記』によると、移転理由は大雑把にいえば、市街地の電車通りに面して江戸時代以来の遊女屋が並んでいるのは、都市体面上また風紀教育上好ましくないというわけだが、一方では天皇や皇族が新宿御苑へおいでになるのに、その道筋に昔ながらの青楼娼家が軒をつらねていては畏れ多いということもさかんにいわれたらしい。

ともあれ、大正十年の三月までを移転の期限として、大正八年ごろから牛屋の原に遊廓の新築工事が始められ、出来上がったものからぼつぼつ移転を開始した。その最中の大正九年三月、一丁目に残っていた一軒から出火して、近接の遊廓が類焼するという災禍があったが、工事はすすめられ、一年後には新宿じゅうの遊廓全部が期限どおり移転を完了した。

ところが、移転完了を待っていたかのように、またもや火災がおこるのである。火元は追分交番の裏、花園神社前の俵屋の倉庫であった。

三月二十六日の午後八時ごろ火の手があがり、強い北西風が吹き、あっというまに付近へ燃えひろがった。火勢は烈風にあおられ二丁目へ延び、移転を終えたばかりの遊廓街をひとなめにし、さらに電車通りの両側を焼き払って、太宗寺の手前まできてようやく鎮火した。全焼家屋六百五十余戸——いわゆる〈新宿の大火〉であった。

しかし、二度まで火災にあっても、ひるむ気配もなく、一年後大正十一年二月には新宿じゅうの遊廓五十三軒が一軒のこらず二丁目の焼け跡へ普請《ふしん》再建を終え、開業する威勢を見せた。それほど早く足並み揃えて生きかえるというのも、いかに遊廓の台所が宿場時代から豊かであったかという証左であろう。

ところで、このことにまつわる話がある。

天皇や皇族が新宿御苑に立ち寄るようになるにおよんで、まえから街道筋に軒を並べていた遊廓は余儀なく移転しなければならなくなった。そんな折も折、遊廓が二度の火災に見舞われたため、遊廓の移転のみかえりとして天皇陛下が見舞金をくれた。したがって、五十三軒の遊廓は天皇陛下の見舞金で再度新築完了した――というのである。ウソかマコトかは明らかにしない。とにかく、そのような噂が巷に流れたという。そんなバカな……とは思うが、しかし、話は話である。ここでは深く詮索しないことにする。

牛屋の原っぱへ一括移転した遊廓にとって幸運だったのは、翌十二年の関東大震災の被害にあわなかったことであった。なぜか、新宿の遊廓は被害を免れたのである。この震災で吉原、洲崎《すざき》、玉の井、品川、亀戸などの遊廓街私娼街が全滅したため、焼け残った新宿遊廓は思いもかけぬおかげ繁盛を迎えることになる。

はたして関東大震災の被害を免れたのは天皇陛下のご加護なのかどうかはわからないが、ともかく、関東大震災がその後の新宿の発展の大きなきっかけとなったことはたしかである。

俗に「火事と喧嘩は江戸の華」といわれるが、こと火事にかぎって新宿を眺めてみると、明治から関東大震災までの約七十年間に、甲州街道沿いだけでもじつに十回の大きな火災に見舞われている。たとえば、つぎのようなありさまである。

明治一〇年　内藤新宿大火、花園神社全焼
明治二三年　四谷大火、一六〇戸焼失
明治二五年　新宿一丁目出火、百余戸焼失
明治二九年　内藤新宿大火、三四三戸焼失
明治三四年　旭町出火、十数戸焼失
明治三五年　新宿二丁目出火、八〇戸焼失
大正　九年　新宿一丁目遊廓焼失
大正一〇年　新宿大火、六九〇戸焼失、牛屋の原跡へ移転の遊廓全焼
大正一一年　旭町出火、一九戸焼失
大正一二年　関東大震災、新宿二丁目遊廓だけは被害を免れる

こうして、新宿の甲州街道沿いの街並は火災が起こるたびに整理され、火事ぶとりしながら震災後、急激に発展することになる。新宿はまさに享楽の町として黄金時代を迎えつつあった。

「怪物」新宿

新宿は日本有数の歓楽街に様相を変えていた。昭和六年ごろでいえば、省線、市電、郊外電車、バスの乗降客は一日平均二十五万人以上にも上った。これは関東大震災以後、地盤の弱い下町を避けて、住民が西へ西へと移動し始めたからで、東京の西郊における一大中心地として、新宿はますます発展してゆくことになる。

だが、世の中はまったくの不況つづきであった。その打開策のために中国大陸で起こした戦争も、すでに泥沼の様相を呈していた。昭和四年に始まる世界恐慌はすでに深刻化しており、折から東北地方では冷害、凶作がつづき、借金のために都会へ売られる農村の娘たちが激増していた。また、大凶作で食いつめた人々は「故郷」を捨て、職を求めて都会に蝟集《いしゅう》した。

そんな御時世に咲いた徒花《あだばな》とでもいおうか、世の中の不況とはうらはらに新宿は賑わったのである。その底流には一種の不気味なものが感じられた。「東京行進曲」という歌謡曲が流行り、映画『大学は出たけれど』が大ヒットした。家出人や自殺者の急増は新聞の紙面を賑わしていた。一方では、不況が深刻化するなかで古賀政男《こがまさお》の「酒は涙か溜息か」が暗い世の中を反映してか、一世を風靡《ふうび》した。そんな時代に新宿は銀座をしのぐ繁栄ぶりであった。

臼井吉見《うすいよしみ》は『安曇野』のなかで、当時の新宿をつぎのように描いている。

カフェーの繁昌ぶりもすさまじいばかりだった。武蔵野館界隈、三越の横丁、京王電車駅の反対の横丁などは、いつのまにか、軒をならべてカフェー街に化してしまった。二丁目の遊廓は、震災で焼け残った上に、中央沿線など郊外の急速な発展につれて、ここも繁栄の一途をたどり、家屋は洋風に、三味線はレコードに、階下はダンスホールに切替えた。女たちは洋服まがいのアッパッパに草履ばきというふうに進化した。五十数軒といわれた遊廓が、満州で戦争がはじまると、ぐんぐんふくらんで、いまは八十軒を突破した。七百人あまりの娼妓たちは、宮城県と福島県の出身者が多いといわれた。満州で馬占山軍を追いちらして、多門部隊の武勲が連日の新聞に書きたてられ、ラジオで叫ばれているとき、兵隊の姉妹たちは、親たちを養うために、新宿のこんな一角まで進出したにちがいなかった。

こうして新宿は、大恐慌による不景気の波をよそに繁盛と発展を続けていた。地理的にいってその将来性も確実であったのか、当然地価の値上りもすさまじいものがあった。文字どおり、土一升金一升の土地として「新宿は怪物だ」といわれるほどであった。

たとえば、駅の真向かいは坪四千円から五千円、京王ビル附近で二千円という呼値がつき、新築の三越がわずか十四坪のメリンス屋と砂糖屋のところに、権利金と立退き料で十四万五千円を出したのは当時の話題となっていた。この値段は、当時の銀座の一等地の地価を超えるものといわれていた。

このような「新宿の怪物」ぶりは、昭和四年に始まる世界的な恐慌のなかでも、「不景気の歓声も此所ばかり他郷の空にもひとしく、一向影響して居らないし」、また「少くとも其処の一廓だけでは、末世紀奢侈頽廃の夢が、酒と躍りの狂乱に黄金の雨を降らしている」（東京市公報）と伝えられた。

夕暮ともなれば、露店とひやかし客が歩道を埋め、バーやカフェーから流行歌のレコードが流れ、女給の嬌声がさんざめき、若きインテリやサラリーマンがその雰囲気に自己慰安を求め、肩を抱き合って明け方まで彷徨《さまよ》っていた。

『改造』の昭和六年一月号に掲載された、吉行淳之介の父・吉行エイスケの「華やか、新宿繁昌記」によると——

新宿の遊廓の新宿繁華につれて急変はすさまじいものがある。英語のスペルは違つてゐるが日本最初のナイト・クラブができる。ジャヅ・レコードが廻転する。伎夫太郎が背広つけてあらはれる。洋装の娼妓の原色写真がエロだ、脚線美とぼかしに咲き綻《ほころ》びて、あの岡本綺堂の新宿夜話に出てくる鈴木主水と遊女白菊の、過去の紅鹿の子の手絡《てがら》に友禅模様のうちかけをつけた宿場女は、ヅロースをはいた宿場女となつて、洋髪のウエーヴもモダアンとやら、都会の騒音のなかに生きる女としてあらはれてきた——

藤本楼という店では、ジャズ・レコードに合せて妓夫《ぎゆう》太郎が正面玄関の板間でダンスのステップを踏んでいる。ナイト・クラブのネオン・サインをつけた宝来楼では、軍縮記念放送の当日、娼妓の写真の下の一枚の張紙に、「当店には国際ラヂオ放送の設備がございます。半地球をめぐる電力を聞きながら、ごゆるり半夜の御清遊を

――」などと書き出していたという。

「半地球をめぐる電力を聞きながら」などというコトバは、いかにも昭和六年といった感じで時代がかってはいるが、当時の雰囲気を彷彿とさせるものがある。それに、「ナイト・クラブ」「ジャヅ・レコード」「ヅロース」「洋髪のウエーヴ」「ダンスのステップ」「ネオン・サイン」といったカタカナの名称は、新しがりの新宿にいまでもぴったりとマッチしているから不思議である。

こうして最新の流行語であるカタカナ言葉を抜き出してみただけでも、昭和六年ごろの新宿がいかに活き活きとした猥雑さをもっていたかがうかがえるだろう。

東京には遊廓が吉原、洲崎、新宿、千住、板橋、品川とあったが、そのなかでも客種は新宿が一番よかったらしい。――というのは、たとえば、昭和七年ごろの一人前の遊興費は、ひと晩の平均が新宿では四円、吉原が三円五十銭で、あとの洲崎、千住、板橋、品川は二円五十銭見当であった。

遊廓の軒数においては洲崎が三百三軒、吉原が三百一軒で女郎数はどちらも二千四百人であった。それに較べて新宿は五十三軒で女郎の人員が少なかったけれども、女郎のひとりひとりは他の遊廓よりも精選されていたようで、ダンスも踊れるし、読書もする。洋画を観て、洋服の着こなしや最新流行のウェーヴのかかった髪の手入れまで心がける者も多かった。そうしたことから、新宿の遊廓にはまるでレビュー・ガールのような女郎がいるという噂が流れたため、客はインテリ階層が大部分を占めるようになったのである。

いまから十年ほど前、新宿二丁目の遊廓を舞台にした『青春の門』という映画があった。五木寛之原作で、監督は浦山桐郎《うらやまきりお》であった。いしだあゆみ扮するところの新宿二丁目の娼婦カオルの部屋には、たしか、ヨーロッパ世紀末の詩人や作家の書物が揃えてあったと記憶する。そして、その本棚のなかには大月書店版の『資本論』もまぎれこんでいた。

たぶん、それは、新宿界隈にたむろする早稲田大学あたりのマルクス・ボーイのしわざであったのであろう。——ともかく、巷には西条八十《さいじょうやそ》の「東京行進曲」が流れ、新宿に流れてくる学生たちは、「東京行進曲」の終わりのフレーズをつぎのようにうたっていたのである。

シネマ見ましょか　お茶のみましょか
いっそ小田急で　逃げましょか

長い髪して マルクス・ボーイ
今日も抱える 赤い恋
（西条八十作詞・中山晋平作曲「東京行進曲」）

農村の困窮

ところで、新宿遊廓のモダン化を推進したのは、一人の妓夫太郎であったと村上護《まもる》は『四谷花園アパート』で述べている。

それは「蓬莱」の込山安平という男。彼は新時代に即応するために、ダンスを呼び物にしなければならぬと考えついた。そこで遊女たちにダンスを習わせ、昭和五年八月以降、それをサービスの一つに加えたのだ。

このアイデアが大当りで、新聞などに書き立てられ、人気は上々であった。が、遊女がダンスを踊るのは二重営業になると、「蓬莱」の連中はみんな警察に引っぱられ拘留された。「八幡」という遊女屋も全員、警察に連れて行かれたことがあった。

そして、村上護によると遊廓五十三軒のうち、昔ながらの古風を保っていたのは

「丸岡」や「新萬楼」「岡田」「大萬」くらいなもので、ほかはたいてい板間のダンス場をもち、五色の豆電球が輝いていた。

大店の「藤村楼」は、その名もローマ字でFU・JIと改め、相手の遊女を選ぶにさいしてもチケット制で、T＝2・00、O＝2・90、B＝3・70と書かれてあった。――つまり、Tの名札の女性は二円、Oは二円九十銭、Bは三円七十銭という具合であった。

と、まあ、新宿二丁目の遊廓はこうして昼間から賑わい、真夜中ともなればその華やかさもさることながら、活き活きとした猥雑さでごった返す人間的な体臭の強い街であった。

新宿二丁目は、当時、すでに遊廓のなかへの円タクと呼ばれるタクシーの乗り入れも自由であったために、外国産のビュイック、新シボレー、パッカード等の自動車のクラクションの音も騒々しく、それも明け方までつづき人の通りも途絶えることなく、まさに不夜城そのものであった。そろそろ遊廓の灯も消えるころあいになっても、人の波は消えることなく、遊廓周辺の屋台や露店は朝の五時ごろまで営業をつづけていたため、どちらも大繁昌であった。

だが、そのような大繁昌も一皮むけば――臼井吉見が述べたように、新宿の繁華とはうらはらに——娼婦たちは、「故郷」の親や兄弟を養うために遊廓で働いているのが実状であった。

たとえば、猪俣津南雄《いのまたつなお》は『窮乏の農村』で、青森の淡谷悠蔵氏の言葉を引用しながらつぎのように書いている。

食うだけには事欠かないもののように思われていた農民が、一番食うことに脅《おびや》かされるということは何という皮肉か、しかも農民は自分自身を食いつくして、すでに次の時代までを食い始めている。

凶作の年、十五円の前借で、娘が売りとばされた例は珍しくなかった。借金の支払、小作料の支払、そして飯米代に娘は売られて行く。人買いは一人十五円ないし二十円の周旋料で、つねにそうした娘を求めて来る。男の賃銀七十銭、女四十銭という農村の労働に比して、娘を一人売る周旋料の好もしさに、近所隣の娘をすすめて歩く百姓は珍しくない。「金を見せれば馬鹿とフトズ（同じという意味）になる。」最近の農民心理をそれら人買いはよく心得ている。娘たちだって、白粉《おしろい》をつけ、赤い蹴出《けだ》しを見せ、ヒラヒラした衣服を着る夢は売られでもしなければ実現されはしない。紡績女工に売られて行く時代はすでに過ぎて、百円足らずの前借で、二年後には三味線を教えて、立派な芸者にしてやるという口車にうかうかとのってしまう。それよりも魅力のあるのは、百円とまとまった金だ。百円とまとまった金は親たちにしてはほとんど手にとることは覚束ない。

娘たちも、嫁入前の不安と恥しさの程度で喜んで売られて行く。農村にいたところで行末にいいことがあるじゃなし、……そうした絶望は暗く、農村の若い世代を蔽《おお》っている。

次の時代をも食いつくすことは、ひとり娘にのみ限らず、少年にも及んでいる。農村の少年は、五歳になるとすでに縄ないを始め、十一、二歳になると田仕事に追いやられる——。

だが、これは「青森の特殊事情」ではないと猪俣はいう。

農村SOSの現象はますます深刻にえがかれているが、南魚沼《みなみうおぬま》郡内にあっては、昨年あたりは稲作、製炭、養蚕等と農事が多角形であったがために他地方に比して余りみじめな農家もなかったが、本年は製炭を除く外はすべてが不振のドン底に陥ったので、今日まで見られなかった娘の身売などがメッキリ見えて来た。即ち土樽《つちだる》、神立《かんだつ》の山村においては今春来、月十円ないしは五円の契約で酌婦として長野あるいは群馬の方面へ村の娘がどしどし売られて行っている。
（昭和九年九月九日「新潟新聞」）

そして彼は、ほかの諸地方の状態も想像にかたくないとして、宮城、岩手、秋田、福島の例もあげている。

このころの東北の零細農家の生活は、悲だの惨だの痛だの苦だのと、そんな文字をいくら並べたところで、とうてい表現できるしろものではなかった。東北の農民たちがその中でまだまごまごしている無防備な自然経済状態のなかに、いわば最も「尖端的」な商品＝貨幣経済がいきなり食い入って、しかもその食い入り方が敏捷《びんしょう》で荒っぽい。二つの経済状態の衝突の激しさ厳しさと、そこに生ずる農民の危機とが、この時期の東北地方を特徴づけているといっても過言ではない。

たとえば、ひとりの娘の身売りの代金百円につき、人買いの周旋料が二十円という金額は、あたかも植民地の資本家を想わせるような法外な搾取であった。ちなみに、昭和九年ごろの東京の大工の一日あたりの手間賃は二円であった。

時代はすでに淡谷悠蔵の言葉にもあるように「女工哀史」の時代ではなかった。

「女工哀史」の最新版ともいうべき「売春」というあらたな時代に入っていたのである。──ともかく、農民たちの窮乏の深さと農村の困窮ぶりは目を蔽うばかりであった。

カフェー、バー、劇場

ここで再び、新宿の景況を眺めてみる。

昭和五年九月創刊の『新宿』という雑誌があり、そのなかに「新宿展望」という探訪記事が載っているので、少し立ち入ってみよう。

新宿遊廓の付近以外でひときわ賑わっていたのが「三越」裏のカフェー横丁であった。この横丁は、別名丁字街ともいわれていた。「三越」の角から入ると丁字になった地形にカフェーが乱立していたから、そういう呼び名がついたらしい。『新宿』はつぎのように記している。

武蔵野館を中心にして、其界隈は全くカフエー、バーの氾濫だ。武蔵野館隣りには支那料理豊龍亭、ホテル階下の新宿ビヤホール、最近進出したパウリスタ、日本料理部もある宝亭等新宿で一流のカフエーがあり、喫茶のヱルテル等も、モダンな連中に知られてゐる。

一歩、新三越の裏を行くと、其横丁こそ軒並のカフエー、バー、新歌舞伎裏通りと連なつて、丁字街をつくる新宿名物のカフエー横丁である。

酒──女──灯──ジヤズ──カクテールの酔心地を其まゝに味ふやうなエロと騒音の夜の巷だ。流れ出すレコードの××小唄も、暑さにかこつけての街上納涼も灯に集る男達へのデモンストレーシヨンである。

早くから此処に根城を据えたのはミハト、末吉軒等で、ミハト等も始めはボックス四つ五つ置かれて、今の半分位の店であつた。其うちに新歌舞伎が出来ることになりハリウツド、メリーウヰドウが初める。香蘭（支那料理）、ミドリ、ツバサ、メトロポリタン、エビスが並ぶ。丁字形の足であるカフエー新道（末吉軒の通）には末吉軒、グローリー、フクヤ、タイヤ、白熊、メリーウヰドウ、ミカサ、其向ひ側はユニオン、キリン、ライト、メロン、喫茶のチロルと富士等々で、新歌舞伎裏の狭い地域に二十数軒と云ふ素晴らしいカフエー氾濫、まだまだ許可さへ取れればと狙つて居るのが鵜の目鷹の目である。

その後もカフェーは増えつづけて、この一帯だけでも女給の数は三千人くらいはいたという。これは多少オーバーな数かも知れないが、いずれにしてもすさまじいカフエーの氾濫《はんらん》であった。

ここでひとつ新宿の名物として忘れてならないのは「ムーラン・ルージュ」の存在である。

「ムーラン・ルージュ」は、昭和六年十二月三十一日に開場した定員五百人のキャパシティを持つ劇場であった。劇場の屋根には赤いイルミネーションのオランダ風車が回っていた。輪舞曲「当世女」というのが最初の出しもので、レビュー・ガールが足を上げるのが当時としては非常にめずらしがられて、新宿の一時代を築いたのである。サラリーマン、学生といった山手線、中央線沿線のインテリ層をその客として狙ったのが功を奏した。

だが、同じ軽演劇とひと口にいっても、「赤い恋」を抱える長髪の「マルクス・ボーイ」たちのたむろする新宿であってみれば、大阪や浅草のそれとは発生からしておのずと違っていた。大阪の曾我廼家《そがのや》系統の喜劇は押しなべて体制的、教訓的であるのに対して、東京の軽演劇は斎藤豊吉《とよきち》、伊馬春部《いまはるべ》、阿木翁助《あぎおうすけ》、中江良夫、尾崎政房、菊岡久利《くり》、穂積純太郎《ほづみじゅんたろう》らの充実した文芸部による社会性を帯びた戯曲や鋭い風刺のコント、バラエティーが多かった。世相を茶化したり、検閲台本にないセリフをアドリブでしゃべったりしたので、「米英的」とか「敵性」とかされて絶えず軍部、警察から睨《にら》まれていた。

こうした素地は、昭和三十七年にアートシアター新宿文化が前衛劇の殿堂としてオープン、いわゆるアングラ劇、小劇場運動の導火線となったことなどに引きつがれており、それは今日の新宿にも根強く息づいている。

「ムーラン・ルージュ」の俳優たちは、左卜全《ひだりぼくぜん》、有馬是馬《ありまこれま》、明日待子《あしたまちこ》、有島一郎、由利徹《ゆりとおる》、森繁久弥《もりしげひさや》、楠《くすのき》トシエ、益田喜頓《ますだきいとん》、望月美恵子、三木のり平、若水《わかみず》ヤエ子、藤原釜足《ふじわらかまたり》等々であった。歌手では春日八郎も出演していた。

観客席には、色々の客があって、知名人も少なくなかったという話である。桜井忠《さくらいただ》温《よし》や志賀直哉、谷川徹三《てつぞう》、新居格《にいいたる》、青山二郎や小林秀雄も常連であった。なかでも、菊池寛《かん》などは「ムーラン・ルージュ」の帰りに屋台の「亀井ずし」で、トロなぞを握ってもらって一杯やるのを楽しみにしていた。すしの値段は、当時、マグロのトロで、三銭也であった――。

そんな「ムーラン・ルージュ」も、戦後は押し寄せるストリップ・ショーの攻勢の波に呑みこまれ、昭和二十六年に解散してしまう。だが、関根弘によると、劇団「ムーラン・ルージュ」は熱心なパトロンであった女流画家の安寿房子《あんじゅふさこ》に受け継がれ、実体のない劇団ではあるが、事務所は昼は彼女のアトリエとしてそのまま使われ、夜は彼女のサロンとしてジャーナリストやタレントの社交の場所となり、一年に一回か二回はムーランの残党が集まってパーティーのようなことを昭和四十五年ごろまでつづけていたという。

いまは、そのような話は聞かないが、しかし、登録された電話番号を回すとなぜか電話は通じるのである。だが、電話に出る気配はまるでない。実体のない劇団「ムーラン・ルージュ」は、謎めいた独身の女主人公の精神的支援により、新宿の片隅にいまも存在する——。

新宿のムーラン・ルージユのかたすみに
ゆふまぐれ居て我は泣きけり
斎藤茂吉

盛り場の光と影

これまで、きわめて大雑把ではあるが、盛り場新宿の変遷を、とくに遊廓を中心にたどりながら、〝街〟の様子をのぞいてきた。そして、思うことは、今日の新宿という〝街〟の性格を形成するさまざまな要素は、すでに、はやく江戸時代からかかえ醸成してきたものであった――ということである。

それはまず、百姓、町人、職人、女郎、他国からの流れ者、つまり、食い詰めた百姓や町人の次男や三男坊、あるいは貧苦のために身を持ち崩した浪人、また、その娘や未亡人といった社会の底辺に蠢くさまざまな人間の、なりふりかまわぬしたたかないいい、エネルギーであったということである。

それでも、こうした人たちは、たとえ生活は貧しくとも彼らなりに〝陽〟のあたる場所に位置していた。

だが、都市繁栄の裏にはつねに日の射さぬ陰の部分が生じる。――新宿においては四谷鮫《さめ》ヶ《が》橋《はし》であり、旭町がそれであった。

『日本の下層社会』で横山源之助《げんのすけ》が述べているが、四谷鮫ヶ橋附近は、職を失い、不安定な社会生活を送らねばならなかった人々の住む地域で、日本でも有数の貧民窟であった。

たしかに、この町には、体に障害や病気を負った貧しい人たちが、当時かなりの数住んでいた。町内をちょっと歩けばかならずそういった人の一人や二人に出くわすといわれたほどである。これらの人たちのほとんどが他の土地からはじかれ、あるいはこの町に来れば住みやすいと思い、移住してきた人たちであった。そのようなことは、また、新宿四丁目の旭町にもいえた。

旭町といえば、その昔、作家の林芙美子が一時逗留《とうりゅう》していた町でもあるが、旭町を「東京市公報」(昭和七年十月十八日付)はつぎのように報じたことがある。

旭町といえば誰も知つている帝都の細民街だ。木賃宿現数三十軒、三畳一部屋四十銭、勿論何処の部屋々々にも殆んど南京虫はつきもので、……上も下も堅い煎餅蒲団にシラミは大抵つきものだ。……一軒平均三十室以上の部屋はあろう。そして御推察通りにどの部屋も暗い、湿つぽい、決して衛生が行き届いているとは申されない。殊に階下の部屋なぞは、障子がボロ〳〵で其処から子供の泣き声や夫婦喧嘩の金切り声が、日がなけたたましく溢れてくる。常宿者の多くは、自由労働者・流し・テキヤ・行商人・コモソ・貰ひ屋……などで、女ではエンヤコラや巡礼・艶歌師の妻などもいる。一宿少くとも三四十人から五六十人――其処は宛然騒然と雑居して生活しているのだ。勿論酒ものむ、賭博も打つ、喧嘩もある。其処ではどの顔みても殆んど性格破産者だ。救ひ難きものよルンペン

はたしてこれは本当だろうか。

たしかに、よそ者が外から旭町をながめればそうかもしれない。だが、この公報の記事の扱い方、旭町の記述は正確ではないと、『新宿裏町三代記』の野村敏雄はいう。とくに終わりの方のどの顔みても殆んど性格破産者だというのは極端すぎて、事実認識からは程遠い表現である。救い難いのはこの人たちではない。当時、不況のどん底にあった日本の社会情況が救い難いのであった。それにこの公報の記事は木賃宿の記述であって、共同長屋の生活となると、その実態は異なったものになってくる。「人情があって、いい町だった。住んでみないと解らない」として、旭町の住人の職業技術者をあげている。

それは、たとえばつぎのようである――

大工、鳶、左官、木舞掻《こまえかき》、屋根職、畳職、建具職、ブリキ職、ペンキ屋、電気屋、植木屋、石工……など一ト声かけるだけで集まった。ほかにも、簞笥《たんす》職人、鍛冶職人、靴職人、桶職人、指物《さしもの》師、経師《きょうじ》屋、板前、菓子職人など、ないものはないと言ってもいいくらいいた。

「人情こまやかで住みよかった」旭町の裏では、こうした職人たちをふくめた人々の、貧しいが心の通った裸のつきあいが全体的に土台になっていたのであった。このような旭町の日常の生活は、繁華な盛り場新宿の陰に太平洋戦争までつづくのである。

かつて明治の昔は日清、日露の戦争の影響が、南町（筆者注：新宿四丁目、旭町）のスラム化に拍車をかけたが、そのスラムの歴史に終止符を打ったのも、皮肉なことに戦争だった。太平洋戦争の拡大と激化にともない、シマの住人は召集、徴用、疎開と、国家の命ずるままにどんどん町から消えていき、昨日まで笊の底の泥鰌《どじょう》のように、たった一万二千坪しかないシマの中でひしめきあっていた細民の過密人口は、みるみるうちに減少し、見苦しい長屋や木賃宿の建物が強制疎開で取り壊されたあとは、山奥の廃村を見るような荒涼として風通しのよい過疎地帯に一変してしまうのだ。

（『新宿裏町三代記』）

新宿の闇市

「朕《ちん》深く世界の大勢と帝国の現状とに鑑《かんが》み非常の措置を以て時局を収拾せむと欲し

──」

昭和二十年八月十五日、天皇の玉音放送とともに、日本は無条件降伏した。昭和六年の満州事変から始まった長い戦争の時代が、ようやく終わったのである。

敗戦の日から、生きるか死ぬかの生活がはじまった。弱い者はどんどん脱落して死んでいった。その日から十一月中旬までに、神戸、大阪、京都、名古屋の四都市の餓死者は七百三十三人、東京では上野、愛宕、四谷の三署管内だけで百五十人を数えた。時の渋沢敬三蔵相は、二十一年春には餓死者が一千万人に達するだろうと予測したほどである（猪野健治編『東京闇市興亡史』より）。

それだけに生き残るための闘いはすさまじかった。その象徴が闇市である。

「ひもじさにたまりかねた人が、着ていた汚れた上着と軍靴を脱ぐなり〝これ買うて……〟と周りの人に哀願している光景を見かけたが、この人をあわれに思うよりも、自分もそうしたいという思いの方が強かった」

「バケツを置いてしゃがみこめば、それで店開きである。バケツの中には食用ガエルが入っている。食用ガエルはたちまちのうちに、お金、イモ粉、ダンゴ、カンパンなどと交換された」（以上、焼跡闇市を記録する会編『大阪・焼跡闇市』より）

東京・銀座の街頭では、白昼堂々、子供を売りに出した男もあった。男は女房を栄養失調で亡くし、自分も遠からず、そうなりそうな運命だった。そこで子供を〝発売〟したのである。四歳くらいの女の子が八百円、二歳くらいの男の子が五百円で売れたという。

（下川耿史《しもかわこうし》『昭和性相史』伝統と現代社刊）

闇市が東京で始まったのは昭和二十年八月二十日である。新宿を本拠とする露店商の関東尾津《おづ》組が〝光は新宿より〟のスローガンをかかげて店開きしたのが第一号であった。開店した時の店数は三十二、それが一年たらずで五万九千までに膨れあがった。

新宿はまだ爆撃の傷跡もなまなましく、見渡すかぎりの瓦礫と廃墟の荒涼たる街であった。だが、終戦から三日後の都内主要紙に、つぎのような新聞広告が掲載された。

転換工場並びに企業家に急告！　平和産業の転換は勿論、其の出来上り製品は当方自発の〝適正価格〟で大量引受けに応ず、希望者は見本及び工場原価見積書を持

参至急来談あれ　淀橋区角筈一の八五四（瓜生邸跡）新宿マーケット　関東尾津組

当時の新聞は、一般広告はゼロに近かったため、関東尾津組の広告はひときわ目立った。広告が出た翌日から尾津組事務所には、都内や近県から中小企業主がぞくぞくと詰めかけてきた。彼らは軍需産業の下請け業者で、終戦で納入先を失い、半製品をかかえて途方にくれていた。尾津喜之助《きのすけ》親分は、つめかけてきた業者たちに、現在の設備や半製品を生かし、たとえば軍刀の生産者には包丁やナイフやナタを、鉄カブトの業者には鍋をつくることをすすめた、という。

「こうして確保した商品をもとに、八月二十日『光は新宿より』のキャッチ・フレーズで葦簀張りの通称〝尾津マーケット〟（新宿マーケット）が開店した。並べた品物は日用雑貨で、値段はご飯茶碗一円二〇銭、素焼七輪四円三〇銭、下駄二円八〇銭、フライ鍋一五円、醤油樽九円、手桶九円五〇銭、ベークライト製の食器、皿、汁碗三つ組八円」（『東京闇市興亡史』）であった。

九月に入ると「光は新宿より」のスローガンの上に百燭光《ひゃくしょっこう》の電灯が取りつけられ、あたり一面の闇を照らし、マーケットの屋上に輝く百十七灯の裸電灯は大久保駅からもみえたという。いまではとても考えられない光景である。

新宿マーケットができたあと、新たに二つの露店市場が出現した。そのひとつは武蔵野館から南口へかけての約四百軒の和田マーケットと、それに新宿西口の線路ぞいに密集した千六百軒の民衆市場である。

もともと、新宿駅周辺は尾津組、安田組、野原一家、和田組とテキヤ集団が割拠《かっきょ》してシマをもっていた。朝、店の戸を開けると、眼の前に、ドスで刺されたままの恰好《かっこう》で、血まみれの若い男が斃《たお》れていた。そんな事件がしばしばあった。

そこで、たび重なる流血騒ぎばかり起こしていては治安が保てないという理由で、淀橋署長が仲介に入り、尾津組を東口、和田組を南口、安田組を西口に振り分けたといういきさつがある。

そこで和田マーケットは、飯島一家内山二代目和田組（故和田薫組長）が仕切り、民衆市場は東京早野会初代分家安田組（故安田朝信組長）が取りしきった。売られているものは、日用雑貨のほかに、おでん、天ぷらなどの食べものであった。また、そこでは金魚酒や三味線うどんなどと呼ばれるものも売られていた。金魚が泳げるほどアルコールが薄い酒、三味線のように三本しか器に入っていないうどんという意味である。

だが、戦後の新宿にとって忘れることのできないのは闇市の隆盛だけではない。それにまぎれて〝文化〟の復興も、この闇市の一角でひそかに語られてもいたのである。この一角を通称〝ハモニカ横丁〟といった。ここは野原一家が仕切るシマであった。

戦時中、なにかにつけ圧力を加えられていた文科系の人々――作家、詩人、画家、評論家、学者、映画監督、新聞・雑誌記者等々の有名、無名の人々が落ちあって、せいぜい間口一間奥ゆき六尺といった天地のなかで、もうもうとたちこめる「もつ焼き」の煙をものともせずに、世相を肴に文学を語り、芸術を論じあっていた。

カウンターというには、あまりにもお粗末な板の内側には、横流しの配給ビールや合成酒はまだ良い方で、白く濁った密造酒、ひどい所では燃料用アルコールまで置いてあった。それらはガソリン、アセトン、ホルマリンを混入した危険な酒で、それらをひっくるめて〝メチール〟と呼ばれた。飲むと目がかすみ、それでも飲みつづけるとあの世行きだった。歌手の鬼俊英《おにとしひで》や山田五十鈴《いすず》の夫、月田《つきた》一郎は〝メチール〟を飲んで死んでいった。

そして、その隣りの棚には、さつま芋のふかしたもの、サッカリン、ズルチンで甘味をつけた芋あん入りの「まんじゅう」が幾皿も置いてある。その日のうちに食べて飲んでおかないと、明日はわからないという時代であった。

新宿駅東口の屋台群は、「聚楽《じゅらく》」付近のひとかたまり、国鉄沿線貨物駅付近のひとかたまり、それに「武蔵野館」裏のひとかたまりの三ブロックに分けることができる。どこまでがどうと線を引くわけにはいかないが、いつとはなしに、あのあたりはサラリーマン、ここは労務者風、あの辺はインテリの溜《たま》り場と、店の常連なり客種が大体きまっていた。

そんな一角に〝ハモニカ横丁〟があった。〝ハモニカ横丁〟には、「ノラ」「ナルシス」「小茶」「ノアノア」「みち草」「魔子」「呉竹」、ほかのはずれた横丁に、「五十鈴」や「あづま」があった。これらの店はいまも健在で、〝ハモニカ〟時代の夢の客がいまだに顔を出している。そのことについては第六章で詳しく述べるつもりである。

先ごろ亡くなった評論家の安田武《やすだたけし》は、駈《か》け出し編集者のころの想い出のなかで「ハモニカ横丁」を振り返ってつぎのように語っている。

とにかく、よく歩いた。盛夏には、砂埃《すなぼこり》を巻きあげ、灼《や》けつくような日照りの道をテクテク歩き、冬場は、霜解けで泥ンこの道を、破れ靴を引きずって歩いた。

昭和二十三、四年の頃、駈け出し編集者の、これが、日々の「しごと」であったが、本当の「稼ぎ時」は、実は宵から深夜にあった。

新宿ハモニカ横丁。「高野」も「中村屋」も、まだ戦後の営業をはじめていなかった。その間の狭い路地に、間口一間、奥行き二間、何のことはない芝居の大道具みたいな長屋が、どれも同じ寸法で軒を並べ、いや、口を揃《そろ》え（だからハモニカ）、カストリ焼酎に鰯の丸干しといった類を商っていた。

この一角こそ、いまや「文化国家」となった日本の最高のサロンであった。なぜかならば、おおよそ第一級の作家、評論家、挿絵画家、マンガ家で、ここに姿を見せぬという「文化人」は、まずいなかったからだ。

私ども駈け出し編集者と致しましては、この時、この機会に、ホロ酔いまたは大酔の諸先生方に原稿執筆をお願いする。一杯機嫌で、どなたも、よしよし、と鷹揚だ。「しごと」は捗《はかど》る。第二、テクテク歩き廻る必要がなかった。

（昭和五十九年八月二十日付朝日新聞夕刊）

いまどき、とても考えられないことだが、当時としては、このようなことは、ひとり安田武にかぎったことではなかった。ほとんどの編集者が足で原稿依頼して歩いたのであった。今日のようにファックスなどというものは考えられる時代ではなかった。電話の取り付けてある家は例外中の例外であり、編集者は、もっぱら国電、都電、あるいはバスを利用するほか、わが身の脚だけを頼りにしていた。

だから、〝ハモニカ横丁〟が繁盛したのには、それ相応の理由があったのである。闇市のマーケットとはいえ、それは、なんといっても新宿という交通上の便利さが第一であった。

だが、便利さにはそれなりの弊害もあった。話は数年とぶが、「火の車」の場合がそれである。

昭和二十七年の春、本郷初音町《はつね》都電停留場まえに詩人の草野心平《くさのしんぺい》が「火の車」を開店したが、昭和三十年の春には、新宿の和田マーケットの一角に「歴程」のメンバーはもちろんのこと、「火の車」の一党を引き連れて引っ越してくる。当時「火の車」の板前をしていた橋本千代吉によると、その顔ぶれはつぎのようであった。

筑摩書房の社長古田晁《ふるたあきら》を頭に、会田綱雄《あいだつなお》、高村光太郎、唐木順三《からきじゅんぞう》、市原豊太《とよた》、豊島与志雄《とよしまよしお》、林房雄、田辺茂一、吉田健一、檀一雄、河上徹太郎……その他大勢。

「火の車」の狭い店内は飲むほどに酔うほどに、怒声、罵声が入り乱れた。とくに、古田晁の「くどくどと、くだらねえ!」という口癖の怒声とも罵声ともつかぬセリフは有名であった。怒声や罵声が入り乱れたのはなにも「火の車」だけではなかった。闇市全体がその坩堝《るつぼ》であった。

昭和三十年頃の新宿は、赤い安ネオンに射られ、日々夜々、まさに生身の人間臭がむんむんと立ちこめていた。

引っ越してまず驚いたことにはわが店の二階はやくざのお兄さんがたがたむろする、なにやら怪し気な所であった。どうやら麻薬をとりしきっていたものか、なにしろ一カ月に一度は「火の車」の二階めがけてどっとばかり手入れがなだれ込むのである。

気がついた時には、あのバラックマーケットは二メートル間隔に警官で囲まれているのであった。囲み終わり、私服らしいのが「火の車」のすぐうしろのドアを蹴破るのとどどっと押し入るのはほとんど同時のことである。とたんに二階からバケツの水がバシャンとたたきつけられ……四、五人の私服は屋根の間といわず、このまかれた水の中から丸めたチリ紙やらガラスかけやら、一切をピンセットで拾い集めている。そこへすさまじい罵声がとび続ける。

二階でとび交うこの罵声の下では、我関せず、火の車は今宵もまわりにまわるの

（橋本千代吉『火の車板前帖』）

であった。

和田マーケットは武蔵野館裏から新宿南口までつづき、そこから新宿四丁目（旧旭町）につながっていた。このマーケット一帯は最初まじめな露店商ではあったが、後には〝青線〟と呼ばれる売春地帯になった。安田組、和田組、極東組、阿久津一家、小金井一家、それに愚連隊を合計すると、総勢五百人に近いヤクザが常時この一帯にたむろしていたのである。したがって、「火の車」の二階がヤクザの事務所で、麻薬を取り仕切っていたところでなんの不思議もないわけであった。

浮浪者がウロウロし、喧嘩《けんか》があり、バクチがある。麻薬中毒患者がヤクを打ちにくる。朝、店のまえにときどき死体。喧嘩と猥雑のすえた匂いがこの一帯を渦巻き流れていた。

また、昭和二十七年の朝鮮戦争のころには、アメリカ兵、とくに黒人相手の洋パンが押しよせ、この一帯だけでも五百人近い街娼がいたという。

このような新宿の闇市の光景は、占領軍の露店取り払い命令が出て、区画整理が始まってもなおしばらくつづいていたのである。

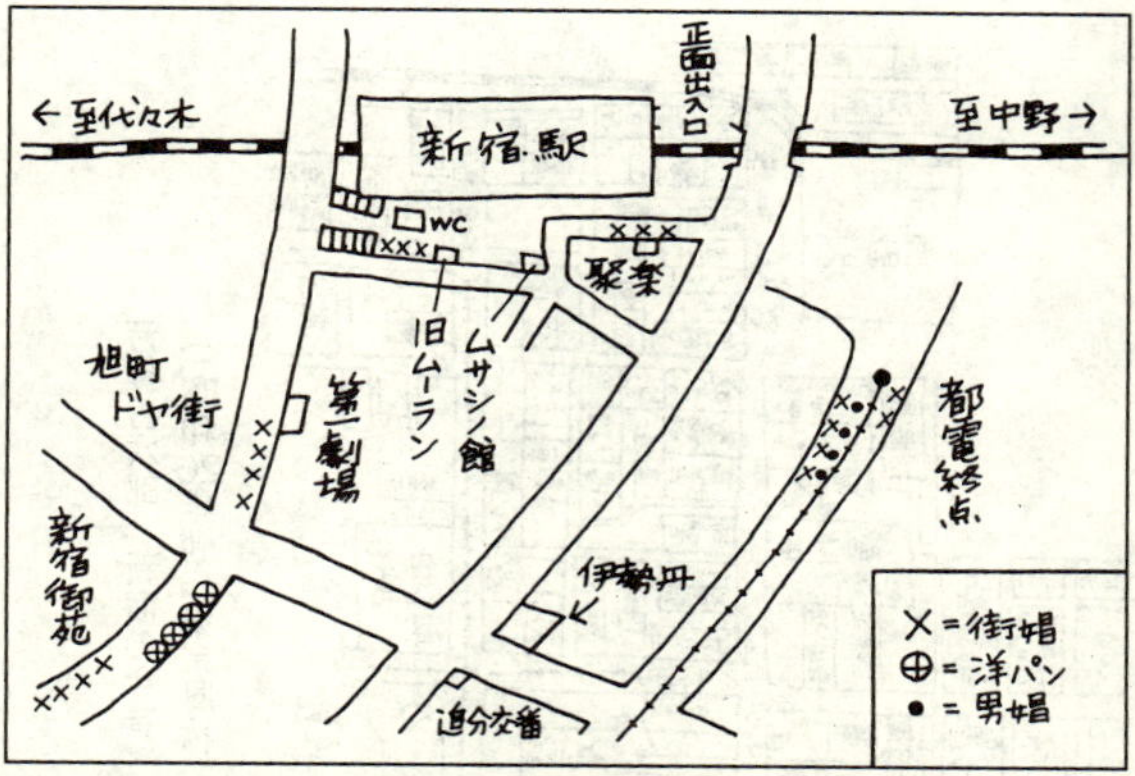

昭和 27 年頃の新宿の売春地図（中野栄三『郭の生活』の図版をリライト）

ゴールデン街の誕生

新宿駅東口に区画整理の話が持ちあがったのは、昭和二十四、五年ごろのことである。いま駅の向かいにあるヨドバシカメラの付近は〝新宿マーケット〟改め「竜宮《りゅうぐう》マート」と称してたくさんの屋台車が並び、武蔵野館脇の〝ハモニカ横丁〟、貨物駅東側の和田マーケットとともに一大飲み屋街になっていた。

屋台車とはいっても、屋台の下に車らしく装った丸い木を打ちつけただけで実際には動かず、「当局のご要望があれば、いつでも移動します」という意思表示だけのものであった。たびたびの関係官公署からの厳重な指導、勧告にも「生活がかかってい

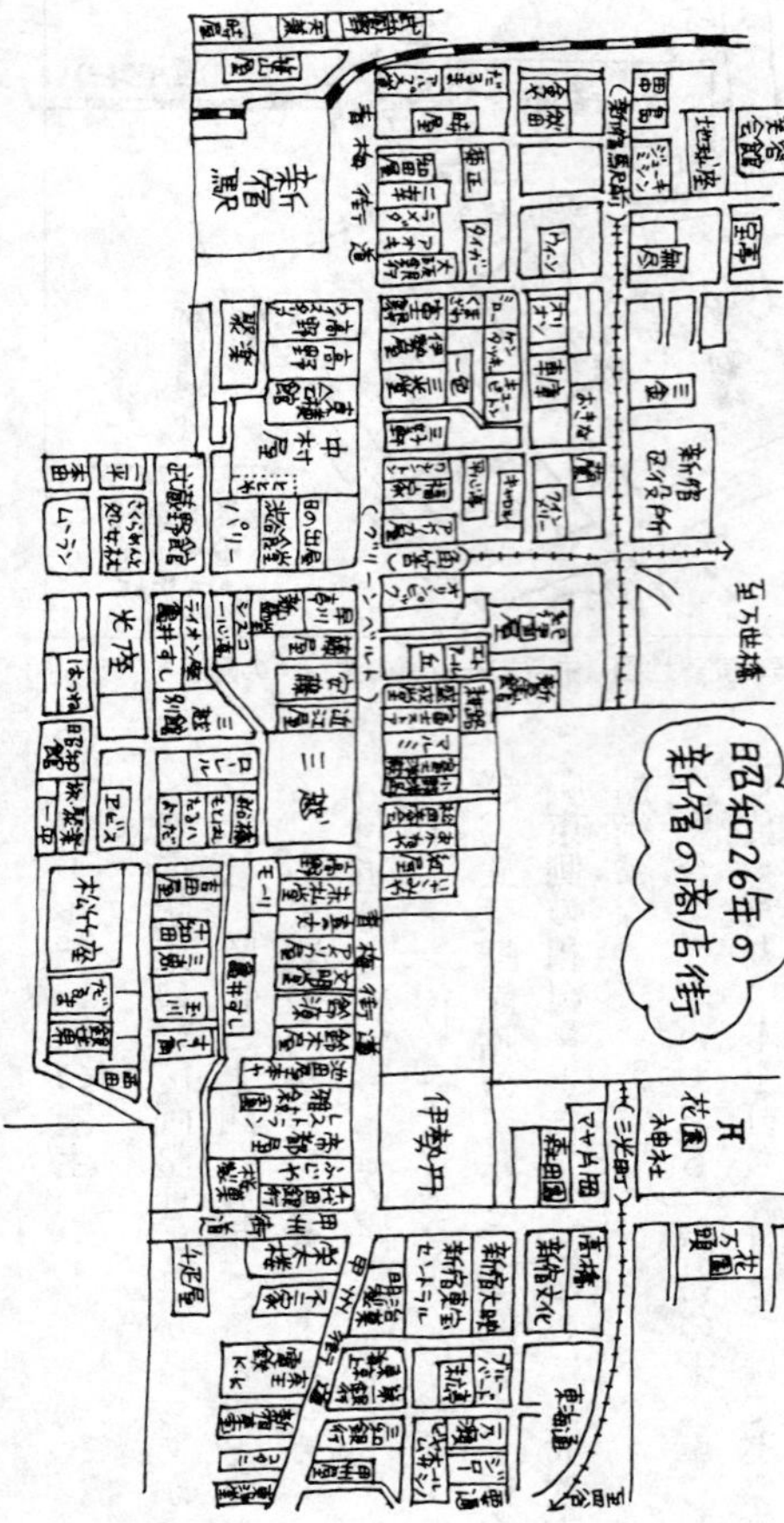

芳賀善次郎『新宿の今昔』掲載の地図をリライトしたもの
（「昭和26年刊〝東京風物名物誌〟の新宿地図を参考にしてつくる」と付記されていた）

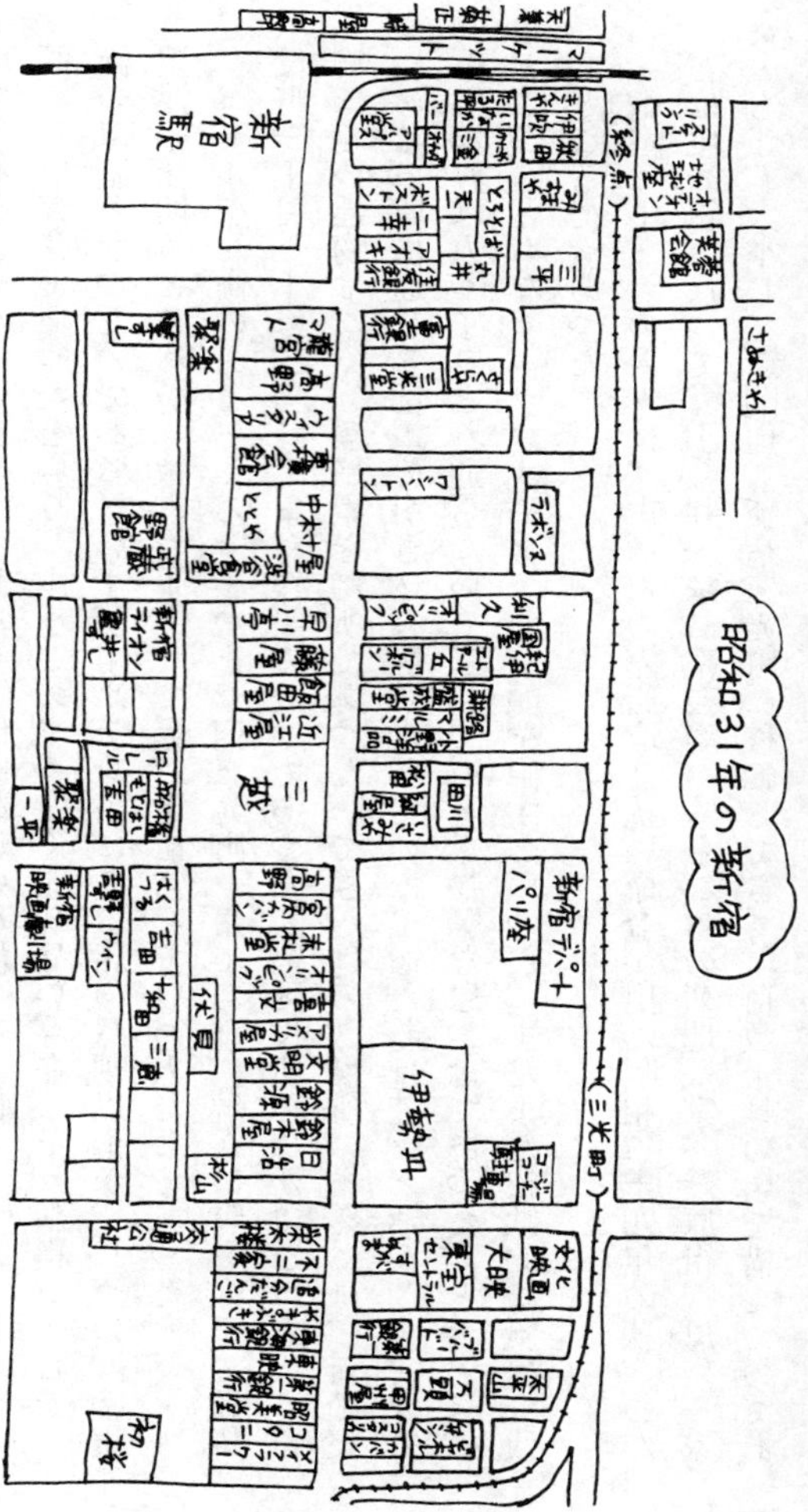

芳賀善次郎『新宿の今昔』掲載の地図をリライトしたもの

るんです。そう簡単には動けません」と、屋台側は全然とりあわなかった。

昭和二十四年、占領軍の露店取り払い命令が出ると、今度は車をとり壊して「屋台車ではありません」と居坐ってしまう。区画整理の現場担当者にとっては、まったく頭の痛い存在であったという。――このまったく頭の痛い存在こそ、新宿ゴールデン街の母胎となったのである。いまゴールデン街にある店の八割以上が、じつは、関東尾津組仕切るところの「竜宮マート」で露店街を営んでいた人たちであった。

ゴールデン街のあるところ――つまり旧三光町一帯であり、現在は町名変更で歌舞伎町一丁目――は、当時、まだ建設の途中であった新宿区役所のほかにこれといった目ぼしい建物はなく、殺風景な場所であった。できかけの区役所のまえには、新田裏にある車庫に通じる都電の引き込み線が走っていた。あたりは芒々と葦が茂り、夕方ともなれば人っ子ひとり通らない、強姦で有名な物騒な原っぱであった。ときどき、どこからともなく、キツネやタヌキが顔を出すといった、まだまだ牧歌的な風景を残すところでもあった。

「竜宮マート」の人々は、占領軍の露店取り払い命令が出た昭和二十四年の秋、こんどは尾津組に代って、小金井一家二率会率いるところの菊地一家、篠原組、母袋《もたい》一家ともども大挙して新開地、新宿三光町に移転してきて、百数十軒の店を構えたのであった。また、新宿二丁目からも大挙してここへ移転してきた人々がいた。次章で述べるように、この二組の人々によってゴールデン街が形成されたのである。

そして、売春防止法ができるまでは、〝青線〟と呼ばれる非合法売春の地帯となった。防止法以後は、軒並みバーや飲食店など風俗営業に転換したが、この一帯には、暴力バーや麻薬のアジトがとくに多いとひところマスコミで取沙汰《とりざた》されたこともあった。

ともあれ、新宿ゴールデン街の歴史はここから始まったのである。

第三章　ゴールデン街の内側で

店舗の構造

都電のレール。角のタバコ屋。通り抜けられます。花園旅館の灯。花園湯。銭湯帰りのお姐《ねえ》さん。オカマの化粧姿。ちょっと小便の匂い。キャッチのかけ声……

こう書いてくると、いかにも滝田ゆうのマンガ『寺島町奇譚』に描かれている風景を想わされるが、これは、いまから十数年前の新宿ゴールデン街の夕暮れの風景である。

思い浮かべると、いわくいいがたい懐かしさがこみあげてきて、一瞬、昔の世界に引き戻されそうな不思議な気持ちにかられる。錆びついたレールと枕木の思い出……。

のちに都電のレールを引きはがして作られた「四季の路」はまだできていなかった。八百屋もあったし、うどん屋も、トンカツ屋もあった。店先にチリ紙を山と積んだ雑貨屋もあった。それに、ヌード・スタジオや、デート・クラブの事務所もあった。事務所に子供をあずけて、いそいそと二時間のデート代稼ぎに出かけてゆく母親の姿さえ珍らしくはなかった。すでに売春は禁止されていたが、ここでは半ば公然と——しかし、外からみれば秘密裡にそれは行なわれていた。

前に述べたように、ゴールデン街は、戦後「新宿花園」と呼ばれて親しまれた「売春の街」であった。路地と路地によって結ばれた、夜の歓楽の世界だった。この路地と路地で結ばれている場所は、新宿では、ゴールデン街を除けば、新宿駅西口の「しょんべん横丁」（いまでは「思い出横丁」と呼び名が変わった）と、新宿区役所通りの「柳街」、区役所裏の歌舞伎町一番街、それと大久保の「彦左小路」ぐらいになってしまった。

「彦左小路」新宿大久保百人町の「彦左小路」が八月三十一日をもって最後の店「千鳥」の立ち退きで取り壊し。肩寄せ合い十店舗の飲み屋の立ち並ぶ「彦左小路」は戦後の新宿駅南口の旭町同様、ＪＲ山手線沿いに木賃宿の立ち並ぶ新宿大久保ドヤ街の一日の仕事にあぶれた行き場のない住人のオアシスであった。ニコヨン――日雇い労働者が雨に当てられて一日の骨休みに時を過ごすには格好の「場」であった。これで戦後の面影を残す飲み屋「街」は、新宿駅西口の「しょんべん横丁」と花園神社裏の「ゴールデン街」を残すのみとなった。

ゴールデン街は、いま、二つの組合によって成立している。

ひとつは「新宿ゴールデン街商業組合」といって、青線時代は「花園街」と称していたが、売春防止法ののち、昭和四十年にいまの名称に変えて再出発した。

もうひとつは「新宿ゴールデン街」の看板に隠れてしまって、その名を知る人はほとんどいない——たとえ、二十年、三十年とゴールデン街に飲みに来ている常連の客でも。その名称は、「新宿三光商店街振興組合」という。昔は「三光町」といった。

この二つの組合によって商売が営まれている場所が、通称「ゴールデン街」である。ゴールデン街のほとんどの店の造りは、木造建築の三階建てで、住居と店舗が同居している。所属する組合によって、その店舗の面積が異なっている。「ゴールデン街商業組合」の店は、一軒あたり平均約四・五坪である。「三光商店街振興組合」に属する店は、一軒あたり約三・五坪であり、私有地の路地を含めると約五坪といった計算になろうか。なぜこのように店舗の面積が違っているのかというと、それは、ゴールデン街という小さな街に組合が二つあることからわかるように、街の成立の意図が最初から違っていたからである。

そのひとつの「花園街」の建物は、初めから「売春」を目的に設計建築された、木造三階建てである。その主な店の経営者は、もと新宿二丁目の露店商であった。

もうひとつの「三光町」の場合は、飲食店がその主な目的で、木造二階建てであった。ところが、時間の経過につれて、「花園街」は「売春」の客で連日賑わうのに対して、おでん屋などの一杯飲み屋の多い「三光町」の客の入りはきわめて少なく、借金を抱えている営業者の生活は困難であった。そこで「三光町」の営業者が意を決して急拠、木造二階建てに一階の建て増しをして、「売春宿」という体裁をととのえたのである。所属する組合によって店舗の面積が異なっている背景には、そのような事情があった。

さきほど述べた青線時代の店の様子は——

一階がバーで、椅子の数はおおむね十人前後である。

二階が経営者の住居および泊り客の部屋兼台所。

三階がいわゆる〈ちょいの間〉で、一畳半ぐらいの部屋が二つ。布団を一枚敷くのがやっとといった構造である。

部屋と部屋はだいたいベニヤ板か襖《ふすま》で仕切られており、したがって隣りで発生する行為のさまざまな音や声までが、まるごと生で聞こえてくるわけで、お隣りさんのあまりにもイイ声に、ついに、ナニのはしごをしたという話もずいぶん聞いた。

一階から二階へは四十五度の急傾斜の階段があり、さらに三階にあがるには七十五

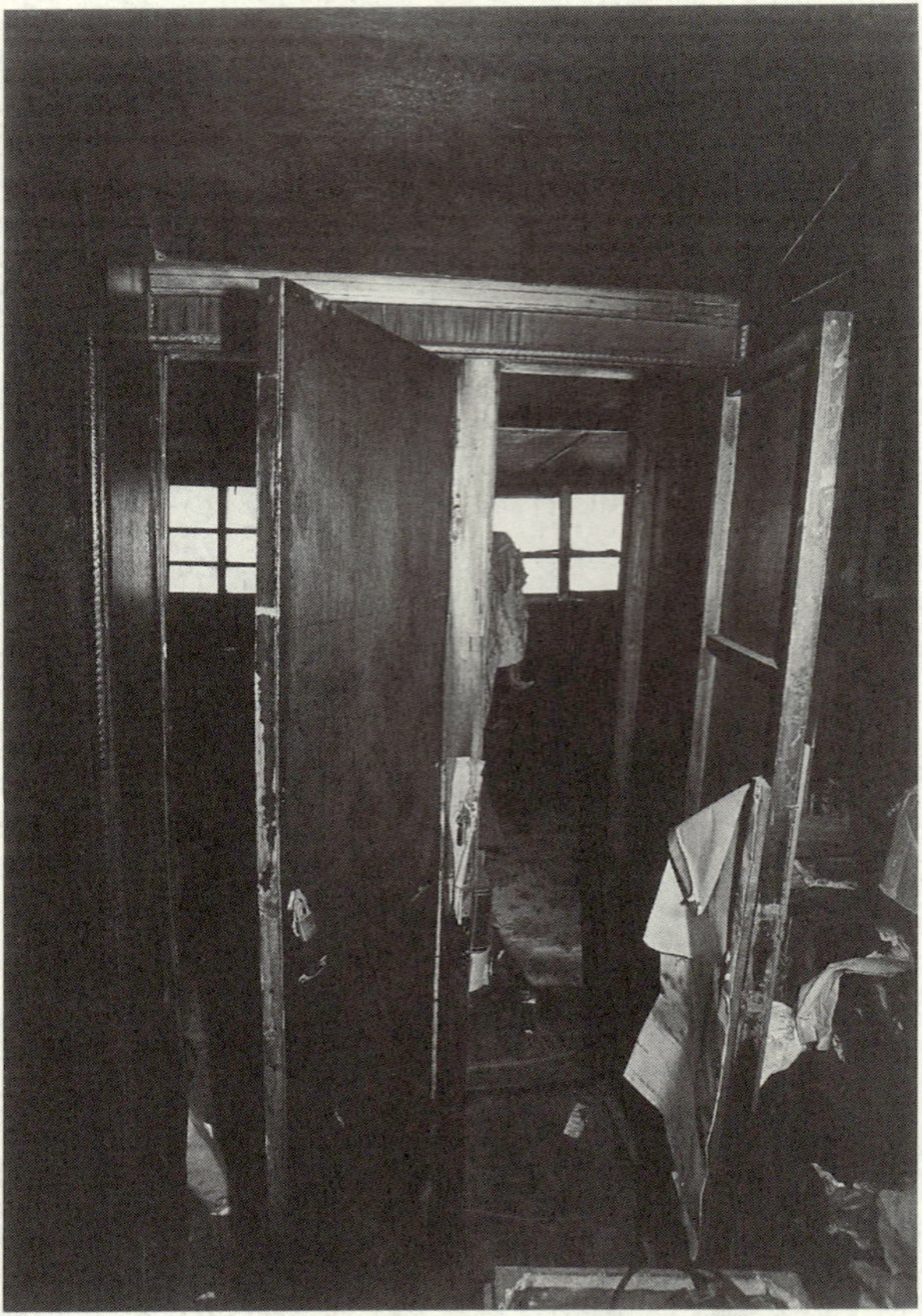

売春防止法以後、放置されたままになっている娼婦の部屋。
撮影＝宮内勝

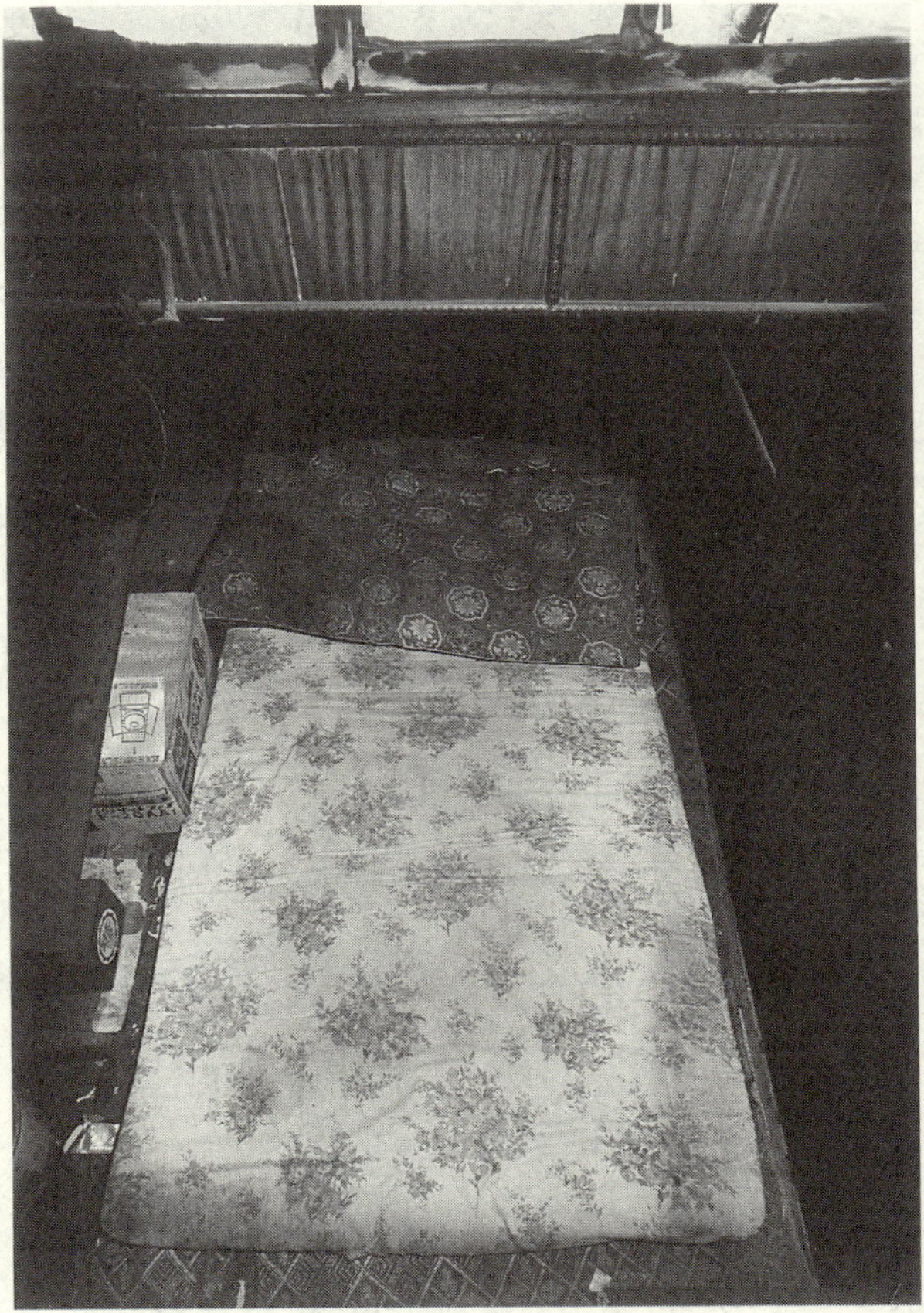

娼婦の部屋。1畳半ほどの部屋で、立ちあがると頭がつっかえる。
撮影＝宮内勝

度というべらぼうに急な梯子段《はしごだん》を使用しなければならなかった。梯子段を上がるというより、この場合、よじ登るといったほうがよりピッタリする。

おもうに、おそらく数えきれないほど多くの人が、この梯子段からころがり落ちたのではなかろうか。いい気持ちになって、鼻唄まじりにこの梯子段を下りようものなら、必ずや足を踏みはずしたにちがいない。たとえ、ころがり落ちはしなくとも、一瞬足場を失って肝をつぶした人はそれこそ星の数ほどいただろう。それまでの気持ちのよさが見事に吹き飛んでしまう——はかない快楽を暗示するかのように、なかなか芸術的にできた梯子段なのである。

そして、さらに芸術的なのは、二階なり三階なりで所用をすませた客が、肩幅が通るのが精一杯の、これまた七十五度の急傾斜の階段を下りると、まるで何事もなかったかのごとくに裏の路地にそうっと「抜けられる」ように建物全体ができていることである。それは青線という、「売春」を営む非公認の世界が必要とした窮余の策でできているからだ——と一応は説明はつくが、それにしてもこの建物は少しもムダがなくじつに実用的につくられている。ある種の洗練された機能美というものさえ感じさせる。

したがって、ここでいう「抜けられます」という言葉は、路地から路地へ通り抜けられることだけを意味するのではない。建物の〈表〉の入り口から入って非公認の行為をすませたあとは、建物のなかの〈裏〉口から〈裏〉の路地——つまり、別の建物の〈表口〉がならぶ路地へと「抜けられる」ことをも示しているのである。

町並

四谷第五小学校、花園神社、マンモス交番、そして新宿区役所——と、コの字にとりかこまれたおよそ千坪足らずの空間にゴールデン街はある。そこを東西に走る六本の路地に面してスナックやバー、それに最近では六本木風のカフェ・バーなども加わって、二百七十軒ほどの店が立ち並んでいる。

店舗は六本の道の両側に並んでいるのだが、北と南のはずれの道の店はそれぞれ片側にしかない。だから、背中合わせの店舗の筋は十本という勘定になる。一筋に店舗が二十四店舗として、二百四十店舗。それに「四季の路」に面した店舗が約二十店舗。ほかは点在している。一店舗につき営業者及び従業員を含めて一・五人がいるとすると、おおよそ四百人の人間がゴールデン街で働いていることになる。

わたしは外国の「呑み屋」の実状をまったく知らないが、ゴールデン街のように周囲がすべて公共の建物にとりかこまれており、かつ四百人もの人間が働いている「呑み屋」空間は、世界にもあまり例がないのではないだろうか。ましてや、その昔、その場所で「売春」がくりひろげられたという例は——。

かつて、粉川哲夫《こがわてつお》は、世界の都市を遊歩して、東京にはうさんくさい場所がほとんどなくなってしまったと嘆いていたことがあったが、ゴールデン街はその数少ない場所のひとつである。とはいっても、ただぶらぶら飲み歩いているだけではその本質的な姿をなかなか現わさない。わたし自身、ここに二十年近く住んで感じることは、ゴールデン街はいまだに知る人ぞ知る場所でしかないということである。

たとえ、テレビや雑誌で名前を知っていたり、あるいは、たまたまどこにあるかを知っていたりするぐらいの人は「ゴミゴミして薄ぎたなく、異様で危険な一角」という先入イメージに足を引っ張られて、なかなかゴールデン街に踏みこんではこない。

結局のところ中心になる客は、昔からの常連や、その常連に連れてこられてなんとなく出入りするタイプの客が圧倒的に多いことになる。したがって、そういう意味からいえば、都市のなかの〈ムラ〉的な性格——いわば、村落共同体の精神的紐帯に近い性格を帯びた閉鎖性と排他性をあわせ持った、店と客との特殊な関係ができやすくなっているといえる。

さて、ゴールデン街に、一種の毒を含んだ活力あるいかがわしさが残っているとすれば、それはなぜなのか。おそらく、二百七十軒もの店のなかで、安定した常連の客をかかえている店は四分の一を数えるにすぎず、そのほかは、いわゆる「キャッチ」と呼ばれるママさん（？）たちの店だということに関係している。通行人をつかまえて、いきおい客にするのであるから、客層は非常に流動的である。

夜の十二時ごろともなれば、ゴールデン街は「キャッチ」の声にみちあふれる。

たとえば、

「ねえ、ちょっと……そこのお兄さん！」

「ねえ、煙草一本ちょうだいよ！」

などと、だれかれとなく店の前を通る者に声をかけておいて、振り向きもされないと、

「フン、貧乏人が！　うろちょろするんじゃないよ！」

といった罵声をうしろからポンポン浴びせかける。彼女にしてみれば、店の前を通るものが客か客でないかぐらいのことは、容易に見分けがつくというものだが、これは彼女たちの暇つぶしのひとつであったり、あるいは大声をはりあげることがストレス解消の方法であったりもする。

夏などは、スカートをまくりあげてスイカにかぶりつきながら「ねえ、ちょいと！　そこのひと！」などとやっている無精《ぶしょう》な客引き姿がしばしば見うけられる。また、よほど暇なときは店のまえに椅子やテーブルを持ちだして、仲間とお喋りしながら、あるいはタバコをふかして女性週刊誌などを拾い読みしながら客待ちをしている光景は、今も昔も変わってはいない。

ゴールデン街は危険で恐い街——という噂は、こういった「キャッチ」のママの店や「オカマ・バー」でボラれた客の話から生まれているにちがいない。

いずれにしろ、かつて、そこは淫売宿であった。売春防止法の成立によって、この街で商売をしていた娼婦たちは廃業を余儀なくされ、ある者はトルコ風呂——いまは「ソープランド」と改称されたが、長きにわたって日本人はこう呼びならわしていた——に転業した。それでも、ごく一部には過去の職業を隠してカタギの主婦に収まっている人もいると聞く。

また、青線の創業者たちのほとんどは売春防止法とともに入れかわり、創業者のなかにはホテル業やトルコ業で成功した人もいる。だが、いま街に残っている人はほんのわずかだと聞く。

「ナベサン」のトイレ

新宿遊歩道公園――。

新宿駅東口の丸井と紀伊國屋書店の間の道路を靖国通りに向かってゆき、靖国通りの交叉点を渡り切ると、そこから先は、新宿区役所を左にみて靖国通りから斜め右に入ってゆく道がある。これが「新宿遊歩道公園」である。

ここは「歩道」と「公園」を兼ねており、「四季の路」という愛称で親しまれている。新宿文化センターに行くにはこの道が一番の近道である。

この「歩道公園」はS字型にカーブしているが、その昔は都電が走っていた。いまの新宿文化センターが都電の車庫であったころ、引き込み線のあったところである。また、この引き込み線は、旧歌舞伎町と旧三光町との境界でもあった。ゴールデン街や、金融機関のあるビルにはさまれた、石畳の静かな遊歩道である。長さ二百六十メートル、幅約九メートル。中央には子供のブロンズ像があり、道端には石の長椅子もある。

道の中央にはつつじが植えこんであり、道の両側には、けやき、椿、こぶし、くちなし、合歓《ねむ》の木、山もみじ、銀杏《いちょう》といった木々が数十種類植えこんである。「四季の路」と呼ばれるゆえんである。昭和四十九年六月に開設された。

「四季の路」を三十メートルほど入ると公衆便所がある。利用者は最初、浮浪者が一番多かった。公園内に常時二十人ほどの浮浪者がたむろしていたからである。彼らは便所を風呂がわりに利用してもいた。

公衆便所からさらに三十メートルほど歩いた右側にゴールデン街の入り口があり、入り口の煙草屋を左側に入るとすぐ、あまり目立たないが「ゴールデン街商業組合」の共同便所がある。「さつき」「ジョージ」「キッチン園」に狭まれている。街の住人は、この共同便所を「倉庫」と称して利用している。その意味はよくわからない。

ゴールデン街の便所はそれぞれの店に備え付けてはあるが、それでも建物の構造上、ひとつの便所を二軒共同で利用する店もある。そういう店は、裏と表の店が背中あわせに作られており、二軒の店の真ん中に便所が備え付けてある。普通に便所とはいってもゴールデン街の場合、一軒あたりの面積三・五坪から考えると、便所の占める比重は大変なものである。

新宿西口の「思い出横丁」や区役所裏の「歌舞伎町一番街」などは、いまでもみな共同便所である。

かつて、清水昶《あきら》が『新宿、わが町!』で、つぎのように述べたことがある。

　ゴールデン街に十年来のつきあいの居酒屋「ナベサン」がある。渡辺さんというおにいがやっているから「ナベサン」なのだ。……しかし「ナベサン」は汚ない。渡辺さんはきわめて清潔なのだが、いつも思うのはトイレのでたらめさである。わたしは「ナベサン」のトイレに入る度に暗く不安な気持になる。格別、汚れているわけでもないのだが奇妙な建物の構造ゆえか、いわば「人間のトイレ」のかたちを成していないのだ。

　しかし、それでいいのかも知れない。ゴールデン街は若者から老人に至るまでの涙のような場所だからだ。奇妙なトイレにしゃがんで、もしかしておれは、まっとうな人間ではないかも知れないとあたりまえのことを思うのも、たまには思い知るべきなのである。でも「ナベサン」のトイレは、しょっちゅう、わたしにそんなことを考えさせるので気に喰わないが……。

　これには経営者として、言いわけのしようがない。いまは改装してなくなってしまったが、当時の事実としての「ナベサン」のトイレを実況中継風に書いてみる。「入る度に暗く不安な気持になる」トイレとは、一体どんなトイレだったのか？

写真1を見て下さい。

裸電球に照らされて、洗剤、ゴキブリフマキラー、ネズミとり。ヘビのようにニョロッとしたホースは、これはガス用ホースです。写真の右下の四角いうす汚れたものは、青線時代に使われていたブリキで出来ているガス台で、この台のうえにガステーブルが一つおいてありました。このブリキ板の汚れは、したがって、青線時代の食生活の臭いをいまに伝える生きた証拠物件です。

裸電球に照らされて白っぽく細長くみえるのは、これは流し台のあとです。このうえにブリキの流し台がありました。いまないのは、あまりにもひどく錆びついてしまったのでわたしが捨てたからです。

写真の真ん中にある段ボールのところに七十五度の角度で立っているのはこれは板きれではありません。幅五十センチの梯子段です。青線時代にショートの客が上り下りしたあの梯子段です。この梯子段の下にある傘立ての所が、「ナベサン」のトイレの入り口で、トイレのドアはベニヤ板一枚の粗末なものです。

写真2を見て下さい。

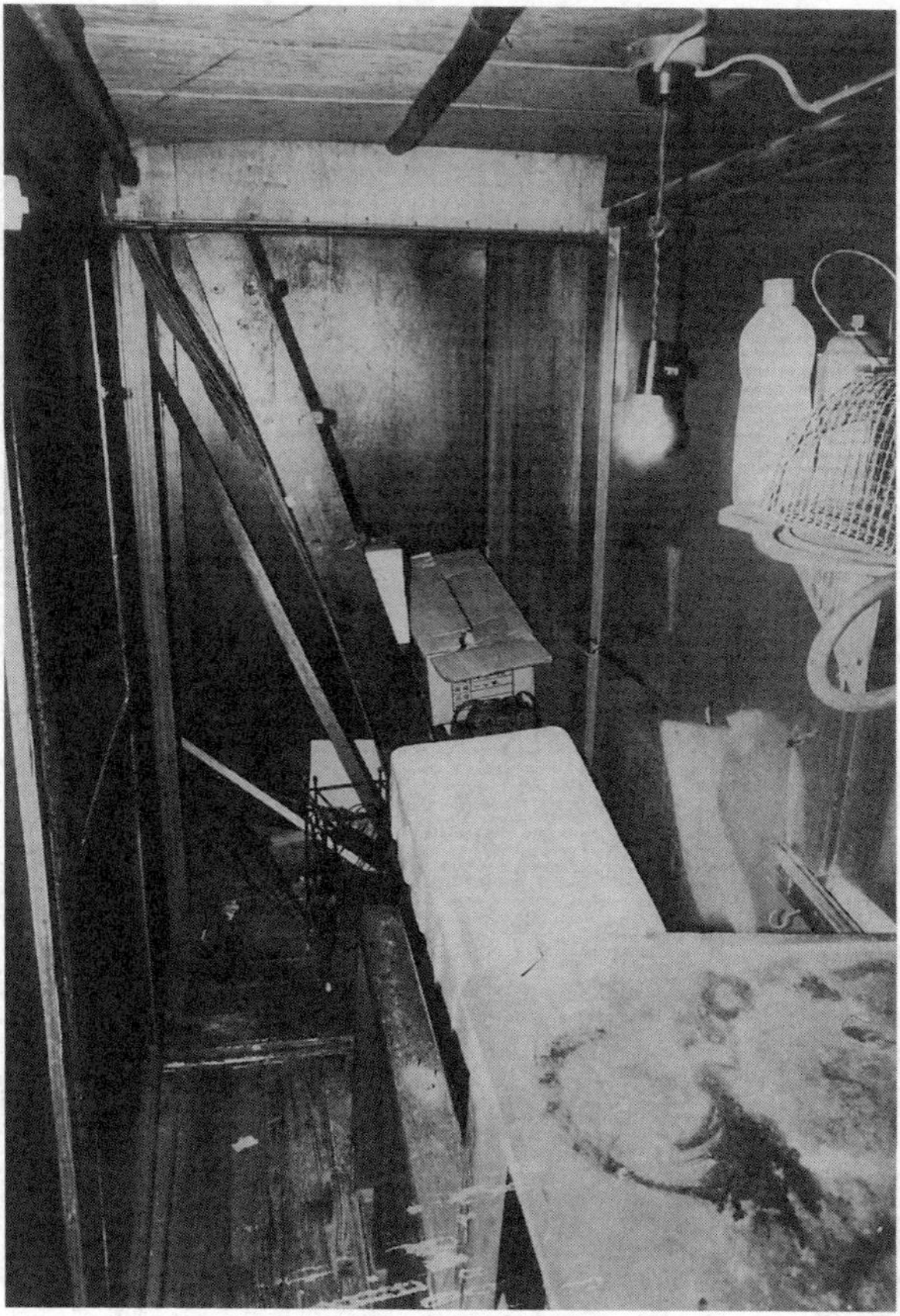

写真1

「ナベサン」のトイレが見えて来ました。この写真は、傘立ての置いてあるトイレの入り口からうしろを振り返った光景です。「ナベサン」のトイレはドアを開けてから三メートルほど歩くのですが、写真の真ん中の半分の板敷きがトイレにゆく通路になっています。このトイレの板敷きの通路はときどき板がはずれたりして、酔客には少々危険(?)かとも思われるが、いまだにケガをしたお客さんはひとりもいませんから不思議といえば不思議です。

写真の左下を見て下さい。これは青線時代は階段として使われていました。幅五十センチ、角度四十五度です。写真左上のネズミとり、ゴキブリフマキラー、ガスホースはまえと同じですが、その下に小さく見えるのが水道の蛇口です。この蛇口も青線時代のものです。

写真の一番奥を見てください。これこそ清水昶のいう「人間のトイレ」のかたちを成していない「ナベサン」のトイレです。トイレの手前にガラス戸らしきものがありますが、これは正真正銘のガラス戸です。しかし、老朽化があまりにも進んでいるため、ほとんど使用不能です。これも青線時代からのガラス戸です。

ここで「ナベサン」のトイレの使用上の説明をしておきますと、まず、ドアを開けたらかならずカギをしめることです。そして三メートルほど歩いてトイレに入ったら

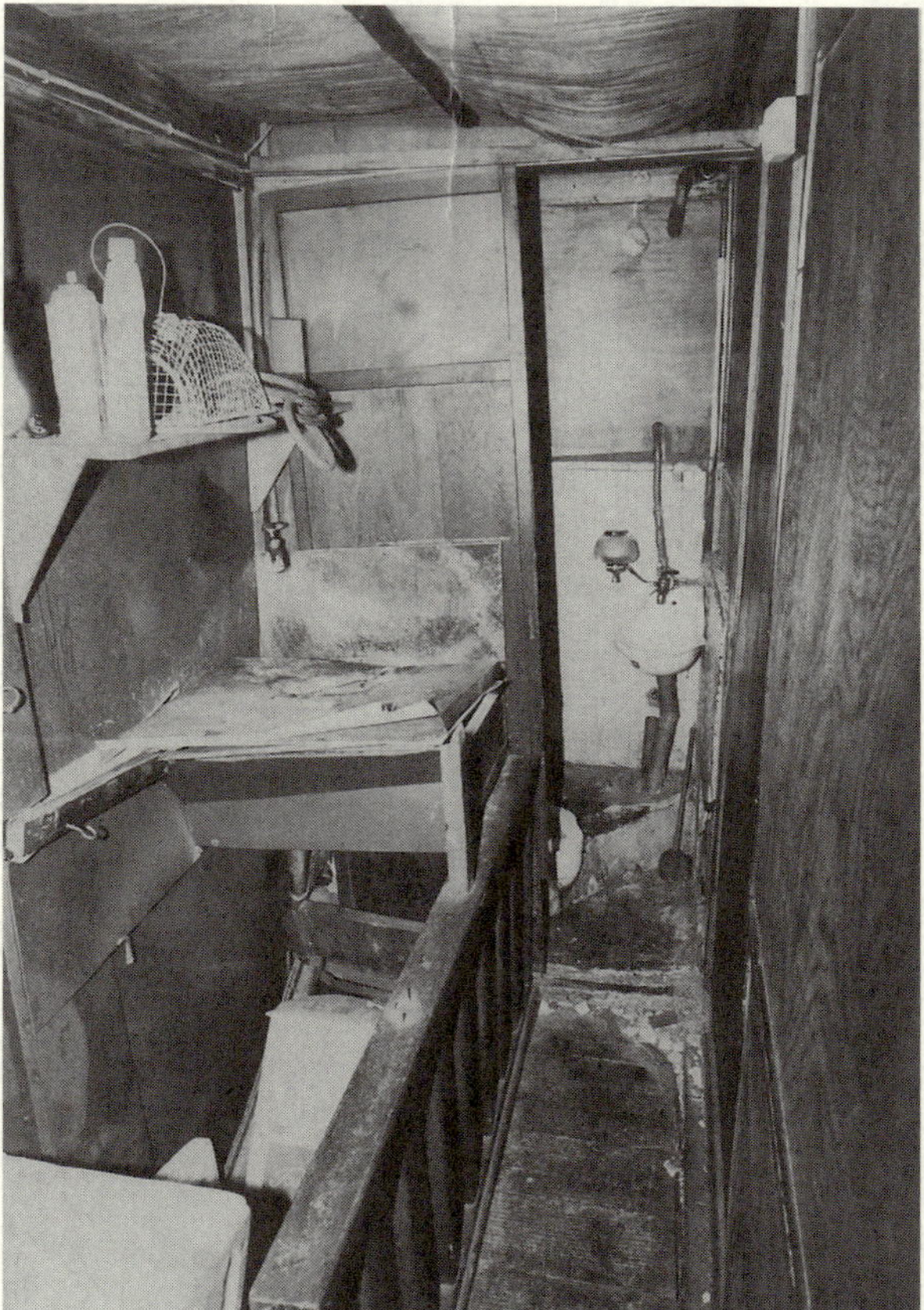

写真2

ガラス戸を閉めないこと。閉めたら最後、一時間はトイレから出ることは不可能になります。というわけで、とくに女の人はオシリを吹きっ晒しにして使用することになります。ガラス戸があるからといって一番目のドアのカギをかけ忘れたら、つぎの客にオシリをまるごと見られてしまうこと請合いです。ご用心!!

いつであったか、美術史家の由水常雄《よしみずつねお》がM不動産の会長さんの奥さんをお伴して来た折のこと、店にきてしばらくしてから彼女がトイレに入ったとたん、「キャー!!」と悲鳴があがり、「恐いー!!」

といって顔を青くして飛びだしてきたことがあった。この会長の奥さんはつね日頃から「人間のトイレ」のかたちをしたトイレに馴れているため「ナベサン」のトイレは使用しにくかったのかもしれない。それから三十分ほどして奥さんは帰ってしまったが、たぶん「人間のトイレ」を探しに帰ったのであろう。トイレの「事件」といえば唯一の「事件」であった。

日常生活

先にゴールデン街の路地について述べたが、ゴールデン街は滝田ゆうの『寺島町奇譚』でおなじみの「抜けられます」のように、一筋二十四軒のあいだに二ヵ所だけ「抜け道」がある。この「抜け道」は裏の路地の店に自由に出入りできるようになっている。住人にも客にも非常に便利であるが、あまりこの街に馴染んでいない客にとっては、この「抜け道」が薄暗いせいもあって「危険で恐い」印象を与えるかもしれない。

――ふだんよく通りかかる道があり、気になるが入りにくいという路地がある。なにかいわくがありそうだが、どうやら様子は行きどまりで、さりげなく通り抜けられるということもむつかしそうだ。そういう路地のひとつに、初めて入ってみた。やっぱり行きどまり。なんとなしに気まずい思いですぐ引き返し、もとの表通りに出て、ほっとする……と、京都の袋町《ふくろちょう》のことを杉本秀太郎が書いているが、ときおり、ゴールデン街の幅一メートルにも満たない「抜け道」を、キョロキョロしながら不安げな様子で通り抜けてゆく客を見かけることがある。

ゴールデン街は「抜け道」を含めてすべて路地で区切られている。そして、それぞれのブロックはそれぞれの規律をもっている。たぶん、それは青線時代の、外来者に対する警戒心から発したものなのかもしれないが、共同体としての生活において遵守《じゅんしゅ》すべき日々の行動や態度――それに、私的な言動にいたるまで、ことこまかに規定されている。

次の章で述べるように、ゴールデン街は女の街である。この街は女がつくり、女が支え、女が生きてきた街である。したがって、ゴールデン街には「女の世間」といった――ただ、単に「飲み」「買う」だけの男にはわかりにくい。目にみえない「オキテ」の世界ができあがっている。

それは、ゴールデン街で女たちが長く生きてゆくための、いちばん自然な知恵によってかたちづくられた。女たちは、ゴールデン街という共同体のなかで大きな紐帯《ちゅうたい》をなしてきたが、それは共同体を内側でつなぎとめるためになくてはならない、女としての話しあいや助けあいの場をもちえたということである。しかし、それは、けっして理性的な産物ではなかった。彼女たちは、ひたすら、その日を生きるのに精一杯であった。

ゴールデン街の住人たちは、「差別」的な態度にいちばん鋭く反応する。たとえ相手がこの街の住人であっても、「差別」に対する態度いかんによっては、村八分にすることもあえて辞さない。ゴールデン街が自分たちの街だという意識が、彼らには強く根づいている。だから、この街には、認めあい、助けあい、譲りあうといった生活の一体感が、いまだに残っている。一般的に都市化によって失われていくものが、ゴールデン街では、逆にみがきをかけられていくといったらいいだろうか。ゴールデン街は都市の中心とはあまり関係なく、いわば、都市の裏通りとして機能するように街全体が形成されている。

昭和五十九年は火事の多い年であった。年明けから歌舞伎町では「放火事件」が相次いで起きた。木造二階建ての店舗兼住居は十軒以上が「放火」で灰になった。ゴールデン街もその被害を何度も受けたが、新聞紙が燃える程度で済んだ。ゴールデン街では急拠、自警団を組織して警戒態勢をとった。夜中の二時から朝の五時まで交代で「火の用心！」――と夜廻りをして歩き「放火」から街を護《まも》った。

だが、歌舞伎町では「放火事件」とは別に、新宿消防署が認可し、新築なったばかりのビルが片っぱしから火災に見舞われていった。

ところが、いまでは違法建築として絶対に消防署から認可されないはずの建物であるにもかかわらず、ゴールデン街の木造三階建てバラック小屋は、消防署がやきもきするほどに火災が起こらない。昭和二十四年の青線時代から今日までの三十七年間に、大きな火災にはたった一度（昭和三十五年）しか見舞われてはいない。

かつて、やはり清水昶がつぎのように述べたことがある。「この界隈で飲んでいて不思議に思うのは、よく火事にならないということだ。客はやたらに木の床に煙草の灰をぽんぽんと撒き散らす。そんな状態で大抵の店は深夜までやっているのに、ボヤを出したということすら聞いたことがない。木造だということで店のおねえさんやおにいさんが必要以上に注意しているのかも知れない」

図星である。お姐さんたち——とくに、キャッチのお姐さんたちの果たす役割は大きい。

キャッチのお姐さんたちは、たしかに客にはあまりよく思われてはいない。しかし、彼女たちは、そのままゴールデン街の見張りの役割を果たしており、街全体の「放火」防止のための存在となっている。

しかし、それでも、ボヤはあった。だが、三十七年間にマッチの煙程度のボヤが四度起きたにすぎない。それらはみな消防署員の手を借りずにゴールデン街の「住人」が店のドアをブチ破ってみな消し止めた。

ここで、一番強調しておきたいことなのだが、ボヤの起こった店をしらべてみると、その店は、常日頃からゴールデン街という地域社会の規律に馴染めず「自分の店だけがよければそれでよい」という人たちの店であった。ボヤの火元になるのは、「自分たちの住んでいる街」という意識が根付いていない、とくに、若い営業者の経営する店である。

それにしても、ゴールデン街のことを考えると消防署は頭が痛いらしい。

(付記――一九八六年四月七日午前四時五十五分ごろ、ゴールデン街のなかにある一軒の店から火事が発生した。この火事によって、スナック「たぐち」「カルド」とバー「K」が全焼、スナック「異邦人」「美香」など四店が半焼した。前日は日曜日で、焼けた店はすべて休業しており、火の気も人の気もなかった。出火場所は「カルド」だが、出火の原因は不明――。

ゴールデン街では、都市再開発計画にともなう立ち退き問題が表面化しつつある時期だった。東京全体がすさまじい建設ラッシュで動いているが、都庁の移転が決まった新宿では、一坪あたりの土地価格が三倍にもはねあがり、これからはもっと値上がりするとのことである。主要幹線道路の約五十メートルごとにビルの建設工事が始まり、最近ではそれが路地裏にまで及んできている。昔の木造家屋の面影が、一夜のうちに消え去ってしまうこともめずらしくない。

それだけに、この火事は住民の神経をとがらせ、不審を抱かせた。すでに述べたが、ゴールデン街は二つの組合によって成り立っている。出火場所とされた店が属しているのは「新宿三光商店街振興組合」。一方の「ゴールデン街商業組合」は、事件後ガードマンを雇い入れ、連夜の警備にあたり始めた。

銭湯――

新宿区役所裏の「歌舞伎町一番街」もそうなのだが、ゴールデン街もまたこの建物からして風呂を備え付けてはいない。住人のほとんどは銭湯やサウナ風呂に通っている。

時代も変わり、いまはホテル石川という連れ込みホテルになっているのが、もとは「花園湯」という銭湯であった。近くの「花園旅館」に泊り込んで仕事をしていた漫画家の滝田ゆうや作家の田中小実昌などは、よくこの銭湯を利用したものである。近くに銭湯があれば、狭い家に持ち風呂など必要ではなかった。

青線のころ、ゴールデン街だけで娼婦を一軒に二人、多い店では五、六人抱えていたというが、判然とした人数はわからない。が、昭和二十四年からゴールデン街に住んでいるという古老の話によると――これは、あくまでも推定であるが――四百人前後の娼婦が働いていたのではないかということである。すると、店の経営者や親、子供、それに娼婦を合計すればほぼ八百人に近い人数になる。「花園湯」はゴールデン街の客だけでもけっこう営業が成り立ったわけである。

これまで、ゴールデン街の建物や便所、風呂について述べてきたが、それにひとつつけ加えると、ゴールデン街を構成している組合員のそれぞれの出身地である。それは、北は北海道から南は沖縄まで、日本全国の各都道府県をほぼ網羅している。しかも、南北朝鮮の人々、台湾出身の人も加わっている。

組合員のなかでは九州出身者が圧倒的に多く、その数は構成員二百七十人のうち約四分の一を占める。四国出身者はわりあい少なく十人前後である。北海道、東北地方出身者は四分の一弱。東京出身者は意外と少なく、二十人前後であり、残りは関東、関西、中国地方出身者で占められている。

ゴールデン街――そのひとつの集落に二百七十の店があり、しかも、あらゆる地方の日本人が全部詰めこまれている。金曜日の夜、ピークの十時、十一時ごろともなると、それぞれの店の客を、たとえば十人としてみても、二千七百人のお客がゴールデン街で飲んでいる計算になる。ゴールデン街の土地の面積は、向い側にある新宿区役所のそれにプラス・アルファーした程度である。そこに二千七百人もの客を一挙に収容してしまうゴールデン街。おそらく、一挙に収容してしまう数では、新宿駅西口の

「しょんべん横丁」をはるかに上回るのではないだろうか。

かつて、青線時代のゴールデン街は、日本人の好む場末のあたたかい肌合につつまれて「青線」という、いわばその匿名性によってそれぞれの店が庇護されてきた。東京という都市が保有する強烈な吸引力と、さらに「青線」という匿名性の魔力が、日本全国から人々をゴールデン街に呼び集めたのではなかろうか。

だが、いま、ゴールデン街はその魔力を少しずつ失いつつある……。

第四章　女の世間

女はまた、共同体の中で大きな紐帯《じゆうたい》をなしていたが、それは共同体の一員であるまえに女としての世間を持ち、そこではなしあい助けあっていた。

宮本常一「女の世間」より

売春と身売り

売春——。

ひとくちに「売春」とはいっても、いま新宿歌舞伎町界隈で行なわれている「ギャル売春」と、昭和三十三年に売春防止法が施行されるまでの売春の形態とは、おのずとその構造が違っていた。

昭和三十三年までの売春は、農村の凶作と飢饉という、いわば日本という〝病める大地〟がその主たる原因であった。つまり、〝病める大地〟に生きる農村の、親、兄弟が生きてゆくための「身売り売春」であった。それはまた「身売りされる女」たち自身が、飢えをしのぎ、食って生きてゆくための、ギリギリの生活手段であるという二重の意味での売春であった。

「思い起こせば三歳《みとせ》前、村が飢饉のそのときに、娘売ろうか、ヤサ売ろか、親族会議がひらかれて、親族会議のその結果、娘売れとのごしょぞんに、売られたこの身は三千両、口に紅つけお白粉つけて、泣く泣くお籠《かご》に乗せられて、着いたところは吉原の、その名も高き揚屋町」

これは有名な「吉原エレジー」の冒頭の語りの部分で、唄の部分はそのあとにつづく。

ところも知らぬ名も知らぬ
いやなお客もいとわずに
夜ごと夜ごとのあだまくら
これもぜひない親のため
静かに更けゆく吉原の
今宵も小窓によりそうて
月を眺めて眼に涙
あける年期を待つばかり

この「吉原エレジー」は「練鑑《ねりかん》ブルース」の替え歌である。ネリカン――つまり、東京・練馬の東京少年鑑別所の通称である。「練鑑ブルース」が鑑別所の少年たちに唄いつがれてきたように、この「吉原エレジー」もまた、吉原の「娼婦」のあいだで唄いつがれ、それがいつのまにか世に流布して、吉原ばかりではなく他の赤線、青線地帯の女たちにも地名を替えて唄われるようになり、「娼婦」たちの「エレジー」として一般化したという。

新宿ゴールデン街の古老たちにこの「吉原エレジー」のことを聞いてみると、たしかに「吉原」を「新宿」に替えて唄ったこともある――という返事がもどってきた。しかし「吉原エレジー」を「新宿エレジー」に替えて唄いはしたが、それはお客さんの所望で、それも興に乗ったときに一緒に口ずさんだ程度で、ほとんど唄わなかったという。

――あなた、考えてもみなさいよ、とある老婆はいうのだった。

「夜ごと夜ごとのあだまくら、これもぜひない親のため」などと、だれがひとの前でいいますか、そりゃ、たしかに、親のため、子供のために働いていた人は、むかしはいっぱいいいましたよ、いまはちがうけど、わたしだってそうだったんだもの……。

そして、老婆は「吉原エレジー」について、「吉原エレジー」は吉原の娼婦たちが自分たちで作って唄った歌だ、などというけど、本当は、はたの人たちが吉原の娼婦を勝手にそう思いこんで作った歌じゃないですか、とその感想をキッパリというのであった。

が、はたしてそうであろうか——とわたしはしばしば思いつづけた。

かつて、東北の農村では、娘を身売りした親たちが「凶作で米がないから、年期が明けても村の懐には帰るな」といった一時期があったという。

身売りされ、そのうえに、なおかつ、村からも棄てられた女たち。

月を眺めて眼に涙
あける年期を待つばかり

という歌には、たとえ「吉原エレジー」を誰が作ったにしても、身売りされ、かつ村からも棄てられたという女たちの二重の悲しみが秘められているのではないか、という気がしてならない。棄てられても、それでも、故郷に帰りたいという想いが、この歌には色濃く込められていはしまいか——。

Aさんの話から

Aさんに会ったのは気温が三十七度という、ジリジリと太陽が焼きつける八月もなかばの日であった。

約束の時間は午後二時であったが、わたしは少し早めに家を出た。

正午、まだゴールデン街は眠っている。真昼の街の姿は、暑さのせいかシーンと静まりかえって人を寄せつけない感じを与える。街並みは人のいない映画セットのような不思議な構えをしており、それでも、路地の隅のほうから酒の臭いに混じってなにかモノの饐《す》えたような臭いがプーンと臭ってくる。昨夜の酔客の置き土産であろう。その周りに銀蠅がむらがっている。近づいてよくみると、ナスやキュウリ、それに豆腐やラーメンに混じってウジ虫が蠢いている。あまりの暑さに汚物も腐り始めていた。

午後一時、買い物カゴをさげた一組の親子連れが路地から出て来た。五歳ぐらいの女の子が、日陰で四本の足をだるそうに投げ出して寝ている猫に近づこうとすると、ウス目を明けた猫が「ウルサイ!」といわんばかりにのっそりと路地に消えていく。

午後一時半。約束の時間にはまだ間がある。ソバ屋の出前持ちが路地に放り出されている昨夜の器を下げてゆく。リヤカー一杯に氷を積んだ氷屋さんが四人、路地に入って来た。夕方までにこの街全部の店に氷を配達するのであろう。どこからともなく風鈴の音が流れてきて、一瞬路地に淋しさをはこんできた。

午後二時、約束どおり、わたしはAさんの家のドアを叩いた。

彼女は少々体重オーバーといった感じと、足が少し不自由なせいか、この暑さで夏バテぎみであったが、頭の回転は若い者にはまけないよ、といった感じで話しぶりも潑溂《はつらつ》としていた。六十二歳になるという。山形県出身である。

彼女は、戦後まもなくのころの新宿の焼け跡にできた露店商のことや、いまのゴールデン街のことなど、いろいろ話をしながら、ややしばらくして、

「そりゃ、話すことはいっぱいありますよ、一日二日じゃとても話しきれないわよ……だって、わたしの人生のすべてなんですもの」

と笑いながらポツリポツリと話してくれた。

彼女は、昭和二十四年の春に、初めて新宿二丁目で屋台を引いたという。いわゆる「露店商」である。

「露店商といってもね。いろいろあるのよ、だいたいが闇市でしょ、酒屋、うどん

屋、サツマイモなど売る店ね」

酒、うどんといっても、闇市で売るものは例の金魚酒や三味線うどんだった。

露店でも、とりわけ好評だったのが、一杯十円の〝残飯シチュー〟で、残飯を集めてドラムカンに放り込み、煮つめたものだったそうだ。

敗戦の日から生きるか死ぬかの生活をどうにかきりぬけてきて、やっとみつけた露店の屋台――。それは、当時のお金で五万円であったという。敗戦の日から十一月中旬までに、神戸、大阪、京都、名古屋の四都市の餓死者は七百三十三人、東京では上野、愛宕《あたご》、四谷の三署管内だけでも百五十人を数えた。そんな時代の五万円であった。

しかし、露店商をやっても落ちつく暇もなく、三年足らずで屋台の立ち退きを余儀なくされる。GHQの命令であった。そして彼女はいまのゴールデン街に移って来た。昭和二十六年の暮れであった。彼女は当時の三光町（いまのゴールデン街）のことを次のように語ってくれた。

「あたしがこの街に来たときは、もう街全体が売春を始めていたけれど、初めはそうじゃなかったのよね。……ここの人はだいたい新宿駅東口にあったマーケットの立ち退きでここに集団で移ってきたわけだから、最初は東口のマーケットの延長でみな商売を始めたのよ。ところが、いざ商売をしてみると周囲は原っぱでしょ、新宿駅からけっこう距離があるし、お客さんが来ないのよ。三光町の店は全部で百十七軒でしたか、ほとんどの店がたべてゆけないわけよね、それで、仕方なく組合の理事が相談し合って売春をやろうと決めた」のが、そもそものゴールデン街の売春の始まりである、ということであった。

「ほら、この建物をみてごらんなさいよ」といって彼女は建物の上を指しながら、「変な建て方でしょ……。もともとは二階建てだったのよ、それが売春を始めるためにね、急きょ建て増ししたから、こんな変てこな三階の建物になったのよね」

なるほどな――と、わたしは納得した。かねがねわたしはこの建物にいたくひかれるところがあったから、彼女の話を聞いてあらためて感心してしまったわけである。

「それで、売春を始めてからは、お客さんはどうなりました」と、わたし。

「それはあなた、いまでは考えられないような混雑ぶりでしたよ、お祭りの日か縁日みたいに人がゾロゾロ歩いていてね」

彼女は昔の三光町の賑わいぶりを回想しながら、

「でもね……わたしはね、屋台のときから売春をやらずに頑張って生きてきたのよ、どんなことがあっても売春はやりたくない――ただ、その一心でしたからね、ここに移ってきてから何の商売をしようかと、ほんとに迷いましたよ、で、屋台のときと同じようにうどん屋を始めたのよ。それがうまくいかないのよね。他の店は売春でいっぱいお客が入っているのに、うちは毎日閑古鳥《かんこどり》が鳴いているのよ」

と述懐した。

「お婆さんは、それで、ずーっと、うどん屋とかおでん屋で通してきたんですか？」

「それがね、運命っていうのかしら、ちょうどそのころ、おとうさんが病気で寝込んでしまってね、まさかと思いましたよ。子供は三人おりましたからね。そこで、わたしも決心したのよ、売春をやることをね。もう、世間など気にしていたら生きてゆけないと思ったからね、地獄でもどこでも行くつもりで、始めたのよ。それは昭和二十七年の暮れでした」

売春を始めてからというもの、彼女は常時四、五人の女の子をかかえていたと話してくれた。野暮な質問とは知りながら、

「売春という商売は儲《もう》かったんでしょう」と聞くと、

「それは儲かりましたよ、売春などというと、いまの人にはひとぎきが悪いんでしょうけどね……」と、多少ためらいがちに、

「商売はズブの素人でしたがね、いままで露店でいくら稼いでも、うどん屋で稼いで

も、その日ぐらしが精一杯でしたよ……。売春を始めてからというものは、それはそれは、生活が一変しましたよね、それまでがひどすぎる生活をしていたせいか……。その反動だったんでしょうかね」

それかあらぬか、話をしている彼女の紅味を帯びた肌と指にはめられた金の指輪と、金の入れ歯が印象的であった――。

彼女は三十年もまえのことを、つい昨日のことのように鮮明に、淡々と語ってくれた。

わたしはズバリ「売春」の中味について聞いてみた。すると――

「中味まで聞かないで下さいよ、それは秘密です」

と笑って、なかなか口を開いてはくれなかった。

そこで話をかえて、当時、ビールなどはいくらで売っていたんですかと聞くと、いろいろと話をしてくれた。

「そうね、ビールね……当時としてはビールはわりと高かったのよね。たしか、昭和二十七年頃で二百円でしたかね。もちろん大ビンでしたよ、なにしろ高かったのよ。酒の特級がたしか、百八十円くらいでしたかね。サイダーはよくおぼえていますよ、当時は五十円で売っていました」

それからしばらくして、やっと腰を上げるようにして「売春」の商売の仕組みを話してくれた。

「そうね、ショートね……ショート・タイムのことですけどね。どこの店でも五百円くらいじゃなかったですかね。それは女の子によって多少はちがいますけどね、お金の取り分はね。それを玉割といってね、うちでは折半でしたよ。だから、ショートの場合は、女の子に二百五十円入り、わたしのところに二百五十円入ることになるわね。それはねえ、あなた、男と女のやることだもの、サックとか京花紙《きょうはながみ》とかいろいろ使うでしょ。そうね、サックの代は二十円でしたかね。京花紙ですか、京花紙はたしか三十円だったと思いますよ。それにお茶代もありましたよ、たしか百円でしたね。それがね、学生さんからはうちはお茶代はいただかなかったのよ。生意気な学生からは取ったこともあるけどね、でも、だいたいいただかなかったわよね……。泊りですか、泊り客は部屋によって違うのよね。二畳とか、三畳とかあるでしょ、それもお客によって違うけど、だいたい二畳の泊り客で千円でしたかね。三畳の部屋の場合は千三百円かそれ以上だったと思いますよ……」

そこで一息いれると、彼女は、絶対に自分の名前は出さないで下さいよと、再三念をおしながら話してくれた。

「あなた、ロング・ナイトって知ってる？　知らないでしょ。ロング・ナイトというのは、ショートじゃなくてね、二時間から三時間お客さんが遊ぶことをいうのよ、そりゃ、四時間の人もいれば五時間の人もいるわよ。……それでね、いまのタクシーじゃないけど、一時間につき百円の割増し料金がつくのよ」

ここまで話すと、

「もういいでしょう！　もうなにを聞かれても話しませんからね!!」

といって、彼女は世間ばなしに話を転じてしまった。

——ここで、Aさんの話を総合して、「売春」の「ルーム・マネー」一覧表を作ってみると、次のようになる。

A　二畳

ショート・タイム　四〇〇↓五〇〇円

泊り　一〇〇〇円以上

B　三畳

ショート・タイム　四〇〇↓五〇〇円

泊り　一三〇〇円以上

C　ロング・ナイト（二時間〜三時間以上）
ショート・タイム＋一時間につき一〇〇円の割増料金
D　飲物
ビール　二〇〇円
特級酒　一八〇円
サイダー　五〇円
お茶代　一〇〇円
E　小物
サック代　二〇円
京花紙一束　三〇円

わたしは、かれこれ三時間も話をしていただろうか、Aさんは話をして、やや疲れぎみであったが、それでも、いままで内に秘めてきたものを吐きだすかのようにつぶやいた。

「でも、いまからおもうとね……。いま、わたしの娘たちのことを考えると、あの娘（娼婦）たちはずーっと子供でしたからね……」

——しばらくして、

「でも、あのころはそうするより仕方がなかったのよ」と話す。いつしか涙声になり「おとうさんや、おかあさんにすまないから、もうこれ以上話を聞かないで」と、目を伏せ、「こんなことをいうと一生懸命になって働いてきて、いま、やっと幸福に生きている娘たちに、申しわけないからね。——これから先は話せない……」と口を固く噤《つぐ》んで語ろうとはしなかった。

わたしは、彼女が生まれ育ったころの話を聞きたかったのだが、もはや追い討ちをかけるようなこともできないから、どうもありがとう、といって別れを告げた。

わたしは、彼女の話をしばらく聞いていて、彼女ばかりではなく、周囲の人たちも含めて、女たちが生活のために、いかに生きのびてきたかということを、イヤというほど思い知らされた。女たちが生活し、生きていくうえで、そこに偽りはなかったと、つくづく思った。

ところで、Aさんがけっして語ろうとはしなかった、彼女が生まれ育ったころの東北の農村の生活は、いまは資料に頼るしかない——。

語りがたい体験

飢饉《ききん》——。白米が食えぬどころか、人間の食う物ともおもえぬ木の実などをあさるのに血眼にならねば生きてはゆけない。

木の実と草根《くさね》を食《くら》ひ
飯《めし》食はぬ人らは黒き糞《ふん》たれにけり

雪ふりし山にのぼりて
草根ほり木の実をひろふ獣のごとく

結城哀草果《ゆうきあいそうか》の歌の示す如く、いや、歌以上に飢えは凄まじい現実であった。

——たとえば、東北の飢饉。

東北は地理的気象的条件から、明治二年、三十五年、三十八年、四十三年、大正二年、十年、昭和六年と、たびたび凶作と飢饉にみまわれ、そのつど困窮した農民は娘を売ってきたのである。

昭和九年十月二十二日付「東京朝日新聞」は「東北の凶作地を見る」でつぎのように書いている。

他郷の人の手に売られて哀切な「新庄節」に故郷の山河をしのぶ女の数は決して少くない、山形県最上郡はその娘地獄の本場だが、ここは県下でも一の凶作地、ならして七割の減収、一かたまりになつてゐる三十五町歩の田が稲熱病で全滅してしまつたところもある、飯米は至るところ不足で、西小国村の野頭部落では、一人でも口を減らさうと思つてゐるのに売つた娘の年が明けて帰つて来られてはそれこそえらいことだ、何とかして娘の年期を延ばすことにしよう、といふ申合せさへやつたといふ、県ではこの凶作で一層娘の身売りが増えるだらうといふので、身売防止の方策を樹て新庄警察署が主になつて、先頃村々で「娘を売るな」と座談会をやつて歩いた、娘一人の身代金は年期四年で五百円乃至八百円、然し周旋屋の手数料や着物代や何かを差引かれて実際親の手に渡るのは、せいぜい百五十円位だ、可愛い娘を手離しても、百五十円の金を握りたい、一つの悪風習でもあらうが、やはりそれも詮じつめると食へない苦しさからに違ひないだらう、かうして床のない家、床があつても畳のない家々から、娘がポツリポツリ芸者に、娼妓に、あるひは酌婦に売られて姿を消してゆく、倫落の巷を流浪する最上娘の「新庄節」こそ彼女等の望郷の憶ひをこめた哀歌であると共にドン底の農村の悲しむべき生活苦を、まざまざと物語るものでなくて何だらう、然も娘を売つた親達は「凶作で米がないから、年期が明けても村の懐には帰るな」といふのだ

山形県保安課の調査によると、昭和九年十一月までの県内の身売りの数は、芸妓二百四十九人、娼婦千四百二十人、酌婦千六百二十九人、計三千二百九十八人となる、という。娼婦は主として東京の亀戸、玉の井あたりに来て働いているが、その数が千百四十九人に及んでいたというから、東京全体の七千五百四十人のうち山形県出身者が七分の一に近いということがわかる。

このような実態をみて『子守唄の人生』の著者、松永伍一《ごいち》は、農村の窮乏もここにいたって正視するに忍びない、という。

ちなみに、『子守唄の人生』に引用された、森荘已池著『山村食料記録』から岩手県九戸郡山根村の九人家族（十五歳以上四人、未満五人）の八月二十四日から三十日までの食料記録の、そのうち二回分をさらに孫引きさせてもらうと、

廿六日　ひえ七合、麦五合、ならの木の実一升　△朝、ならの木の実、ひえのかけ、きうりづけ　△昼、朝と同じ　△夕、麦かゆ、たうもろこしの鍋ふかし、菜っぱづけ
廿七日　ひえ五合、麦五合、ならの木の実一升　△朝、ならの木の実、ひえのかけ、菜づけ、△昼、芋の鍋ふかし、菜づけ、△夕、ならの木の実、菜っぱ汁

となっている。

この二日分の記録からだけでも、凶作と飢饉――そして、飢餓が人々をどんな地獄に追い込んだのか、想像にあまりある。

Aさんは自分の前身をついに語ろうとはしなかった。しかし、それは、ただAさんに限っただけのことではない。「身を売って銭をためるのは恥かしい行為だ」とする世間の冷視に耐えて生きている多くの「言いがたく語りがたい体験」をもったAさんたちが、ほかにもたくさんいる――ということである。そして、このことは、「他の世間の人間には語らない」ということで女たちが連帯して生きていることを逆に物語っている。

だが、ふだんは貝のように口を噤んでいても、どうしても吐き出さねばならない。

女であるがゆえの悲しい物語もある。

たとえば、子供を身売りしなかった場合である。

生きてゆくためにはそうするよりほかに仕方がなかった。とりあげた子どもらが、ちょっとでも息のつける暮しをするためには、あとの子はあの世へもどすほかになかった。いまも家の床の下に、あの子らを埋めた上にのせた小石がのこっている。わたしは毎晩その上に寝ている。もどした子がかわゆうないことがあろうか。わたしはどうせ死んでも地獄よりほかへはいかぬと思っておる。もどした子どもらも、そこで暮していると思う。死んだらそこへいって少しでももどした子らを守ってやりたい

(『日本残酷物語――貧しき人々のむれ』)

女たちの「語りがたい体験」ということの裏には、以上のような東北における飢饉と飢餓というすさまじい背景が秘められている。

ちなみに、昭和二十四年一月二十四日までの山形県の調べによると、県内の児童の身売り数は二千五百人に達したという……。

第五章　新宿放浪——女たちの子守唄

おチカ婆さん

梅雨明けというのか、それとも、梅雨晴れとでもいうのであろうか、暑い夏空が広がっていた。

七月のそんなある日、わたしは新宿の天龍寺に向かった。わたしはおチカ婆さんと、天龍寺の前で待ち合わせていた。おチカさんは「売春防止法」の昭和三十三年まで、「青線」といわれた売春宿の経営者であった。

わたしの姿を見るなり、おチカさんは待ちかねていたかのように片手に持った扇子《せんす》を振っていた。

天龍寺の一廓《いっかく》は、戦前は〝スラム街〟旭町と呼ばれたところである。――と同時に、〝シマ〟とも呼ばれていた。そして、戦後は〝ドヤ街〟旭町と呼ばれていた。天龍寺はそのような界隈の中心地点に位置している。

いまは、天龍寺の前は明治通りが走っており、そのまわりには、安藤ビル、大同信用金庫本店ビル、パシフィック・ワコー・ビル、相模ビル、御苑ハイムなどの近代的な建築が建ち並んでいる。――かつて、作家の林芙美子が逗留したことのある木賃宿は、いまは、明治通りの下敷きになっているという。わたしが、古老に聞いたり、本を読んで知っていた旭町の姿は、跡かたもなく消え失せている。だが、天龍寺の裏道へ一歩踏みこむと、まだ昔日のままの屋並《やなみ》が多いのに驚かされる。

まぶしい陽ざしのなかを歩いてゆくと、簡易旅館の戸があけっ放しになっており、そこから旅館のオヤジが手拭《てぬぐ》いハチマキ姿で廊下を掃除しているのが見える。

夏休みだというのにどうしたのであろう。子供の姿がさっぱりみえない。子供のいない街なのだろうかとさえ思えてくる。掲示板に貼ってある殺人犯の指名手配書。昔のままの屋並の家の窓には蒲団《ふとん》や洗濯物が干してあり、猫の額ほどの庭には、背より高い向日葵《ひまわり》が二、三本黄色い大輪の花をつけていた。

見通しの悪い狭い路地裏には、ビジネスホテル、マンション、簡易旅館などが、所狭しと軒を連ねており、昔はだいぶにぎわったという雷電稲荷神社の境内も、シーンと静まりかえっている。

千葉からきた野菜売りのおバアさんが大きな竹籠を背負い、とりたてのトマトやキュウリ、ナス、ネギ、オクラなどを、馴染みのホテルの軒先で売りさばいている。話しながらときどき笑う真っ黒に陽やけしたお婆さんの顔は、なつかしい田舎の臭いがする。

汗を拭きながらおチカさんと路地をぶらぶら歩いていると、顔のまわりをときどき虻《あぶ》がブーンとよぎってゆく。柿の木にとまった油蟬が、灼けつくように啼《な》き始めた。

路地の家々の軒下には、鉢植えの真っ赤な鶏頭《けいとう》の花が二鉢ほど咲いている。雷電稲荷神社の路地を少し奥に入ると、天龍寺の墓地がみえ、コンクリート塀の上に古びた幾本もの卒塔婆《そとば》が傾いているのがみえる。

路地裏の天龍寺の塀に沿って寺域を半周し、正面に出る。「護本山天龍寺」とある。曹洞宗の寺である。明治通りに面した山門をくぐり抜けると、正面に寺の本堂の甍《いらか》が暑い陽ざしを照りかえしていた。

蟬の啼き声のせいか、いくぶんかは涼しさを感じる。

本堂の左側が広々とした墓地になっている。大小さまざまの墓石が密集し、無数の卒塔婆がカーンと冴え渡った空に林立している。お盆までにはだいぶ期間があるせいか、墓地には無数の雑草が生い茂っており、あまり掃除されていない。倒れかかった卒塔婆が幾本もある。

肥え太ったカラスが墓石の陰に群がってなにやらついばんでいたが、わたしたちが近づいてゆくと、墓地の隣のビルの屋上にいっせいにとび移り、ギャーギャー啼き始めた。

すっかり夏の気配であった——。

境内にはわたしを入れて三人しかいなかった。ほかに人の気配はなかった。しかも、一人は寺の本堂の隅の涼しいところで焼酎の一升壜をかかえたまま眠っていた。陽焼けした顔と腕――どうやら風采からいって労務者であろう。

あまりの暑さに、こちらも寺の境内の涼しそうな場所を見つけて、しばらく一休みすることにした。山門の横に大きな銀杏の木があり、その日陰で休むことにした。風がそよそよとふいていた。目のまえには、「追出しの鐘」で有名な鐘楼がある。「時の鐘」である。

林芙美子はこの鐘の音をどのような気持ちで聞いていたのであろう――と、ふと、そんなおもいが私の頭をかすめた。

蟬の声がまたひとしきり高くなった。

林芙美子の『放浪記』の一節につぎのような場面がある。

夜

新宿の旭町の木賃宿へ泊った。……明日の日の約束されていない私は、私を捨てた島の男へ、たよりにもならない長い手紙を書いてみた。

みんな嘘っぱちばかりの世界だった
甲州行きの終列車が頭の上を走ってゆく
百貨店《マーケット》の屋上のように寥々とした全生活を振り捨てて
私は木賃宿の蒲団に静脈を延ばしている
列車にフンサイされた死骸を
私は他人のように抱きしめてみた。

林芙美子の新宿での生活をあれこれとボンヤリわたしは考えていた。——しばらくして、私は婆さんに終戦のころのことをボツボツとたずねた。すると、——どこの敗戦国でも同じだね、夜の女は……と、今年七十歳になる婆さんがつぶやいた。

敗戦の日から、生きるか死ぬかの生活が始まり、弱い者はどんどん脱落して死んでいった。生きることが第一であったひとたちにとって、そのころすでに、死者へ向ける思いは、そう強くはなかったにちがいない。たとえ強くあったにしても、そのような思いはじっと胸にたたきこんでおかねば、明日への一歩は容易に踏み出せなかったであろうから……。

——汚れきったブラウスにねエ、古いカーテンを巻きつけたようなスカートにねエ、下駄ばきかサンダルのつっかけをはいてねエ、寺の墓場で昼といわず夜といわず黒人兵を相手にねエ、所嫌わずというのでしょうかねエ、土のうえにゴロゴロ転がって、犬のように四つん這いになったりして、商売をしていたんだよねエ、哀れだったよ、このころのおんなは……ほんとよ……。

婆さんは、暑さを忘れたかのように淡々と話し始めた。

いま、若い女の子たちのあいだで黒人と連れそって歩くのが流行っている。セックスは、もちろんその前提になっているという。だが、たぶん、その「若い女の子」たちの意識には「黒人」をひとつのモードとして、たがいに競いあうファッション的な要素が多分にあるのだろうと思う。

「お婆さんねエ、いま、女の子たちに黒人が人気あるの知ってる?」

と、わたしが聞くと、

「あら、そうなの、知らなかったわ」

と、そっけない返事がかえってきた。——なにをいっても、「あら、そう」「そうなの」「あたし知らなかったわ」と、すべてうわの空の返事だった。

天龍寺には鐘がある。名鐘だという。だが、なによりも、「追出しの鐘」として有名であった。この鐘は明け六つ（午前六時）にかぎって、三十分早くに撞《つ》くのが常だったという。新宿の遊廓に泊った遊客の武士が登城に遅れないようにと便宜をはかったらしい。

登城の武士たちにはありがたい報せだろうが、その鐘の音をよろこばぬ者もいたという。武士以外の遊客たちである。たかだか三十分の違いなどというなかれ。女との後朝《きぬぎぬ》の別れともなれば、遊冶郎には、さぞや、恨めしい鐘の音であったろう。「追出しの鐘」と呼ばれて不評だった所以《ゆえん》がわからぬでもない。

――こんなことがありましたよ。

と、婆さんが語り始めた。

――むかしはねエ、いくらパンパンでも、さいしょは、黒人がくると、いやだといってよく逃げまわったものよ。でもねエ、逃げまわるおんなをつかまえて、それをなぐったり、けったりして無理やり押さえつけて、しまいには、おんながねエ、金をくれてもいやだというのを、うしろから無理やり強姦するのよ……。

――あなた、知ってる？　新聞にデカデカと出たことがあったのよ、戦後まもなくのことだけどねエ、「夜の外出は控えよう　ふえた米軍の強奪非行」ってねエ。それは、それは進駐軍の兵隊の強姦はすごかったのよ。

——それでねエ、こんな事件があったのよ。パンパンが真っ裸で逃げてきたら、黒人の兵隊が追いかけてきてねエ、持っていたピストルでぶち殺しちゃったのよ。そうしたら、MPがねエ、こんどはその黒人をまたピストルでぶち殺しちゃったのよ。バラックの陰でそれをみていてねエ、恐怖とともに涙がボロボロ出てきましたよ……。

——そしたら、あるとき、そのパンパンのなかのひとりがね、

「おばさん、あたしたちのしていること見ていてどう思う？」

ってていうからね、

「哀れと思うね、そんなことしなくたって、なんとか食べてゆけるでしょうに」

と、いったら、

「それなのよ、おばさん、食えないのよ」……。

私はおチカさんの昔話をしばらく聞いていたが、どうも他人のことばかりで、自分がかつて売春宿の主人であったということをとんと忘れてしまっている様子だった。おチカさんは、ボケるにはまだまだ若い肉体と精神をもっている。にもかかわらず、他を語ろうとはしなかった。

よく考えてみると、おチカさんは、「考えてみりゃ、あのころはみんな、たしかにそうだったのよねエ」などというキレイごとは、義理にも口に出せる人ではなかっ

た。

事実、つぎのようにおチカさんを評する仲間のひとりがいた。彼女は横須賀から新宿に流れてきたひとである。

「あのおんなはね、若い田舎出の年端もいかない娘の尻をひっぱたいてひっぱたいて、ヤクザと組んでさんざんオマンコをやらせてしこたま儲けたおんなだよ。手前ではいまはどこかの〝オカミさん〟ぶってヌクヌクと生きているがねえ、……血も涙もない人間だよ……あのおんなは。ちくしょうだよ……。あんた、あのおんなから話を聞くんだったら、話半分に聞いておきな。その半分の話にしても、ほとんどウソばっかりだと思うけどね……」

このように評するのはなにも彼女ひとりではなかった。数人のひとから同じような感想を聞いた。

——だが、とわたしは思った。たしかに、彼女たちはそのように語ったとはいえ、わたしは、そこになんともいえぬ、白々とした、ある落伍者のグチを聞いている思いをぬぐいさることはできなかった。事実、おチカさんをそのように評した彼女たちは、現実において、唯一オンナを売り物にする業界の落ちこぼれであった。所詮、キレイごとで生きられる業界ではない、とわたしは思った。

――こんなこともあったわねエ、と、またおチカさんが語り始めた。

――たしか、朝鮮戦争前だから、昭和二十五年ごろでしたかねエ、あの娘がうちにきたのは。十五歳だったかしらね……。それこそ、なんにも知らないわよねエ、十五歳だもの。いまの娘とちがって、むかしの娘はとくにね、肌が白くて、きれいで可愛い娘でしたよ。

――初めてうちにきたとき、カツ丼でしたかね、てんやものをたのんだのよ。そしたら、その娘ったら、目をキョロキョロさせて、

「おばさん、これなんですか?」って聞くのよ。

「カツ丼よ。どうして?」と、聞くとね、

「こんなの初めてだ!」っていうの。

――いまの若い娘なら、カツ丼など見向きもしないんだろうけどねエ。たしか、秋田の生まれでした。二十二歳のときにやめたんだけど、……あの娘、いまごろどうしてるかねえ。

あたりには、まだ人影はない。

わたしは、おチカさんが語ろうとしなかったことは、また、いつの日にか聞こうと思い、二人で天龍寺の山門を出た。またもや焼けつく炎天下で、全身うだるような暑さだった。裏の路地に入ると、近所の女たちが狭い路地に打ち水を始めていた。夕暮れには、まだ、だいぶ時間があった。

私は、歩きながら、ふと思い出した。それは、ある娼婦の日記であった。彼女はつぎのように書いている。


何の意味もない毎日がすぎた。何一つとして私の手もとに残っているものはなくたのしめるものもない。

限り知れぬ姿を、時の流れは私の所へ運んで来た。私はどれ一つとどめることが出来なかった。

よしやそれらの姿は私からすべり去ろうと私の心は深く神秘的にあらゆる時をはるかに越して生の情熱を感じる。この情熱は意味も目あても持たず遠近の一切を知りたわむれている時の子供の様に瞬間を永遠にする。

地上には大小の道がたくさん通っている。しかしその目指す所は同じだ。馬で行く事も車でいく事も二人で行くのも……だが最後の一歩は自分で行かねばならない。だからどんなことでもひとりでするという以外にない。（『明るい谷間』）

彼女は、また、俳句もたしなんでいた。
そんな彼女を、作家の結城昌治《ゆうきしょうじ》は次のように記している。

娼婦またよきかな熟《う》れし柿食らふ
売春や鶏卵にある掌《て》の温《ぬく》み
遊び女《め》としてのたつきや黄水仙
夏みかん酢っぱしいまさら純潔など
梅雨の町濡れて灯《とも》りぬ明日知れず
梅雨星やさらさら持たぬ追憶など

冬雁のむらだちゆくや過去は過去

これは、鈴木しづ子の句である。

鈴木しづ子は、私の療養所時代のノートに俳句雑誌からメモした句がわずかに残っているのみで、その後の消息はわかりません。とにかく俳句を支えにして、辛い不安な毎日を精いっぱい生きていたのだと思います。

(結城昌治『俳句つれづれ草——昭和私史ノート』)

「リンゴの歌」は聞えない

戦争は終った——。

特攻隊の勇士はすでに闇屋となり、未亡人はすでに新たな面影によって胸をふくらませているではないか。人間は変りはしない。ただ人間へ戻ってきたのだ。

と『堕落論』で坂口安吾が記したのは、昭和二十一年であった。
ちょうど、そのころ、

赤いリンゴに　口びるよせて
だまってみている　青い空
リンゴはなんにも　いわないけれど
リンゴの気持は　よくわかる
リンゴ可愛や　可愛やリンゴ

（サトウハチロー作詞・万城目《まんじょうめ》正《ただし》作曲「リンゴの歌」）

と並木路子《みちこ》の歌う「リンゴの歌」がラジオから流れ、戦争に疲れて虚脱状態にあった人々に大きな喜びと希望を与えていた。
また、一方では、菊池章子《あきこ》の歌う「星の流れに」も大ヒットしていた。

星の流れに　身を占って
何処をねぐらの　今日の宿

荒む心で　いるのじゃないが
なけて涙も　涸れ果てた
こんな女に　誰がした

（清水みのる作詞・利根一郎作曲「星の流れに」）

この「星の流れに」を作詞した清水みのるは、昭和二十一年八月二十九日の東京日日新聞「建設欄」（投書欄）に載った、奉天から引き揚げた二十二歳の元看護婦の転落の手記を読んで、その憤りを詞に託し、作曲の利根一郎は浮浪者や浮浪児、パンパンが根城《ねじろ》とする上野を彷徨《ほうこう》して曲想を練ったという。

こうした混乱した時代のなかで、「星の流れに」を身をもって生きたが、ついに「リンゴの歌」だけは聞くことができない人たちがいた。

それは、進駐軍兵士を相手とする特殊慰安婦の女性たちであった。

米軍兵士専用のセックス処理機関、特殊慰安施設協会（RAA＝Recreation and Amusement Association）は、日本の国家が「日本の娘を守る」ために、一億円の資金をもとに多くのプロ売春婦や、一般の日本の娘をかき集めて、性の防波堤として設立させたものであった。

昭和二十年八月十七日に成立した東久邇宮《ひがしくにのみや》内閣は、早くも翌日内務省警保局長名で進駐軍専用の慰安所設置を全都道府県に指令、警視庁保安課は花柳界代表と具体的協議にはいった。

新日本女性に告ぐ！　戦後処理の国家的緊急施設の一端として、駐屯軍慰安の大事業に参加する新日本女性の率先協力を求む！　ダンサー及び女事務員募集。年令十八歳以上二十五歳まで。宿舎・被服・食糧全部支給。

——このように書かれた看板が、日本のいたるところにかかげられた。

なかでも、戦災で焼け野原となった東京は、住むに家なく、食うに米なく、着るに衣服なしの状態であった。上野だけでも一日の餓死者が六人も出たころである。衣食住全部支給という甘い一言が、飢えた女性を魅了した。

「八月二十六日、銀座〝幸楽〟（RAA事務所のあったところ）の前通りに朝早くから〝新日本女性〟の応募者約千五百名の行列が出来た。（中略）応募の女性は、〝新日本女性〟とは慰安婦であることを聞かされて顔をこわばらせるものが多かった。（中略)。応募者のうちその半数以上が処女であった」(鏑《かぶら》木《ぎ》清一《せいいち》『秘録進駐軍慰安作戦』)という。

また、なかには「アメリカ兵の淫売なんかになれるか」と、タンカをきって席を立ったものの、係官をふりかえって、

「あのう、お金になります?」

と小声で聞いて応募した女性も多くいたという。

こうして〝新日本女性に告ぐ〟という甘い広告にのせられて多くの女性が集まった。

あるものはモンペをはき、また、あるものは防空服をつけてきた。ほとんどの女性が化粧などというものはつけてはいない。色っぽさなど縁遠い姿だった。だが、なんといっても若い年頃の女性ばかりである。女性特有の一種の甘い匂いをただよわせていた。

一方、同じ八月二十六日に予定されていたアメリカ軍の日本進駐は、台風のため二十八日に延期された。

——二十八日、午前七時三十分、先遣隊が厚木に到着。

——三十日、午後二時、米太平洋方面陸軍総司令官で十四日付で連合国軍最高司令

官に就任したマッカーサー元帥、厚木《げんすい》に到着。

そのとき、飛行機のなかからコーン・パイプをくわえたマッカーサーとともにジープが出てくるのをみて当時の日本人は、さぞや驚いたことであろう。

なにしろ、日本は、まだ自転車の時代であった。

マレー半島攻略のときに、日本軍は自転車部隊などというものを組織して「勇む銀輪」などという子供だましの歌謡曲まで作った。そんな日本人にとって、自転車などとは違って、ジープはきわめて機動性にとんだ頑丈なすばらしい乗り物だったに違いない。自転車とジープでは、どだい喧嘩にもならなかった。それに日本では、まだまだリヤカーや荷馬車が主流であった。

そんなとき、無邪気な子供の眼に「ガム」や「チョコレート」とともに、「ジープ」がアメリカそのもの、アメリカの象徴そのものと映っても、それは子供の責任ではなかった。

変わり身の早い歌謡界はそんな姿をいち早く捉えた。それがのちに作られた「ジープは走る」であった。

スマートな可愛い車体《ボディ》

胸もすくよな　ハンドルさばき
街の人気を　集めて走る
ハロー　ハロー
ジープは走る　ジープは走る

（吉川静夫作詞・上原げんと作曲「ジープは走る」）

たぶんGHQのさしがねで作ったのであろうが、この歌は、やはり流行しなかった。それでよかったのだ。

――それはさておき、アメリカ軍の進駐のまえに、こんな話があった。それは、戦争に敗けた付録のようなものであったのだが、敗戦と同時に、連合軍――とくに米軍が上陸すれば、日本の男はすべて奴隷にされ、女はすべて辱《はずか》しめられるという風評が、どこからともなく廃墟の巷《ちまた》に流れたのだった。

いったい誰が流したデマなのか知るよしもないが、おそらく、それが流布したのは戦時教育のたまものであったろう。

また、十八歳でパンパンになった田中貴美子は、皇居前広場でパンを売るおじさんと知り合って処女を与えた。彼女は著書『女の防波堤』のなかで、「刹那主義のデカダンスに陥ってしまっ」た若い男女のすがたをこう述べる。

（皇居前広場で彼女の立つ場所から）十歩も離れていない大きな松の木蔭に、先程まで肩を並べていたアベックが、夕もやの中に、前向きになった女のうしろから、男がのしかかるようにして……、思わず顔をそむけてしまいました。（中略）（別の男女は）寝ている男のそばに坐った女が、時々ふざけるように男の顔に唇をよせて笑っています。よく見ると男の片方の手は、女のスカートの中に深く隠されているではありませんか。

この光景を目撃した田中貴美子は、どうせ自分もアメリカ兵にやられるくらいなら、との思いで処女を与え、その後パンパンになったという。このような「刹那主義」はなにも、ここで描かれる若者の身だけにふりかかった出来事ではなかった。たとえば、こういうこともあった。いよいよアメリカ兵が上陸するというので、まことしやかに自決用青酸カリが配られたのである。それも、大真面目に。したがって、こうした時代背景のもとでは人々が刹那的になるのも仕方がなかったのである。

——しかしながら、日本の女たちの不安は現実となった。

「You braves! After Jap just broken here, nobody can't impede your road to Tokyo! Tokyo, many girls of peach are waiting to be conquerd!——Jap girls all given you! Now go for break!」

(勇敢なる諸君! ここで奴等をノセば、あと東京まで誰もさえぎる者はないぞ! 東京ではきれいな娘たちが征服されるのを待ちかねているぞ! 日本の娘はみんな諸君のものだ! さあ、突っ込め!)

ラジオ・スピーカーはこう叫んでいた。

アメリカ第六海兵隊、マーチン連隊長の声であった。このマーチン連隊長の言葉が、やがて極東米軍全体にひろまっていったのである。

Jap girls of peach are all ours!

半年ちかく女の体に触れていなかった米兵たちは、ただ、欲望に眼を血走らせながら、八月二十八日の先遣隊の厚木到着を皮切りに、ぞくぞくと日本に上陸してきた。かれらは段違いな軍事力と巨大な体格の印象を、精根つき果てた日本人に見せつけた。かれらは破壊された道路を、ジープやトラックの隊伍《たいご》を組んで進んでいった。日本全土に。そんなアメリカの兵隊を、日本の女たちは不安と恐怖と好奇心の入り混じった眼をして家の陰から覗いていた……。

そして、とうとうその日がやってきた。

八月三十一日、午後五時、アメリカ兵による最初の凌辱事件が勃発した。東京都新宿区目白学園女学校四年の当時十七歳の生徒二名が、新宿の人ごみのなかで二台のジープに乗った六、七人の米兵に拉致《らち》され、多摩川べりまで運ばれてそこで輪姦されたのである。米兵は自動小銃をつきつけて二人の抵抗をおさえ、ついでに一人の女生徒の腕時計と現金を奪って去っていったという。

日本での米兵の性犯罪は、もっとも獣的で破廉恥で悪質な輪姦という方法によって、しかも、拉致と掠奪《りやくだつ》をともなって開始されたのであった。

そして、「進駐軍特殊慰安施設」で働く〝オンナ〟たちが慰安所でみたものはなにか——。

慰安所で繰り広げられた情景はまさに性の地獄絵で、目を覆うばかりであったという。彼女たちは、ただ食べるために〝性〟を売って死んでいったのであった。

糸井しげ子は「日本ムスメの防波堤」で、こういっている。

「どこの部屋からも、叫び声と笑い声と、女たちの、嗚咽《おえつ》がきこえてきました。それをきいていると、日本の女が、戦勝国の兵隊のジュウリンにまかせられているという気がしみじみとしました」

「はじめにきた三十人の女のひとは、その二三ヶ月の間に病気になったり、気がちがったりして、半分ほどになっていました。

しかし、その半分のひとも、現在では、きっと一人も、この世のなかに残っていないと思います。それほど、ひどかったのです。まったく消耗品という言葉がぴったりとあてはまるひとたちでした。とても、人間だったら出来ないだろうと思われることを、若い、何も知らない、娘さん達がやったのです。そして、ボロ布のようになって死んで行ったのです。

あのひと達は唯食べるために死んだのです」

あるとき、若いお嬢さん風の女のひとが玄関に入ってきて、主人に、「働らかせて下さい」とたのむ事があった。理由をきいてみると、路端でアメリカ兵に強姦されて、家にかえれないから——ということであった、という。

こうして、東京中に、一般の女性がパンパンとして生れつつあったのである。

「進駐軍特殊慰安施設」は、一般の婦女子をアメリカ兵の乱暴から守るための緩衝《かんしょう》地帯として、まさしく国家によって組織化された〝売春宿〟であった。そのためには、警察官が田舎に出かけていって、男性経験者の婦人までかき集めるといった始末であった。

一日に六十人のお客をとったという女が現われたのも、そのころの話である。

「そのときは、ペーデイだったのです。朝から、横になったきりで、食事も、ねながらとるという調子だったそうです。

でも、そのひとは、もう、それっきり起てなくなって病院へおくられましたが、すぐ死にました。精根をつかい果したのだと思います」（『日本ムスメの防波堤』）

また、慰安所にかかわったある男は、

「九月一日開店前の八月三十一日夕、早くも百数十名の兵が押しかけ、経営者ら三名の業者に自動銃をつきつけ、一室に監禁してしまった。十四人の女に百数十の兵。慰安も何もあったものではない。翌朝、日本の女たちは半死半生で、泥ぐつで踏みにじられて床の上に転がっていた」（『読売新聞』神奈川版、昭和三十年八月十八日付）

と回想している。

半死半生で、泥靴で踏みにじられて床の上に転がって死んでいった、この女性たちの耳に、並木路子の歌う「リンゴの歌」はついにとどかなかった。

「家へ帰りたい。家へ帰りたい」——死の床にあって思い出すのは遠い〝故郷〟ではなかったか……。だが、彼女たちには、帰る〝故郷〟さえすでに残されてはいなかった。

彼女たちにとって〝故郷〟とは、二度と帰れない場所であるからこそ〝故郷〟なのだ。哀しいけれど、帰れない場所であるからこそ懐かしいのだ——。

「ラク町お時」伝説

——しかし、と私は思う。くやしいけれど、アメリカ兵が日本の子供に夢を与えてくれたのも事実であった。

実際に米軍が上陸し、兵士のひとりひとりを目のあたりにしてみたとき、かれらが目と髪と肌の色がちがうだけの普通の人間であるとわかったとき、日本の子供たちは、米兵の乗ったジープがくると「ギブ・ミー・チョコレート」といってあとを追いかけていった。それは、ただのひもじさからだけではなかった。

女の子はオカッパ頭にモンペ姿、それにひび割れた下駄をつっかけて、顔は少しすすけていかにも見すぼらしいが、無邪気な目を輝かせていた。男の子は丸坊主にズボンをヒモで結んで靴と下駄、といったちぐはぐな格好をしていた。顔はホコリにまみれていたが、笑うと白い歯が光った。少女の無邪気な目の輝きや少年の白い歯の光には、まだ、大人たちに汚されていない未来があった。

たしかに、大人の浮浪者にまじって、浮浪児とよばれる子供たちもたくさんいた。戦災孤児や引き揚げ孤児であった。こうした子供たちは、夜になるとビルの焼け跡や駅の地下道に寝ぐらを求め、昼は盛り場で物乞いをし、タバコの吸殻《すいがら》を拾い、靴みがきをし、時にはカッパライもやった。

だが、どんな子供たちも米兵の乗ったジープを見ると、遊び興じていたオモチャを捨てて「ギブ・ミー・チョコレート!」といって、快活で屈託のない兵隊に手を差し出し、ジープを追いかけ一斉に走った。なかには金をせびる、ませた子供もいたが、ともかく子供たちはその行為を卑屈だなどとは思いもしなかった。それが子供の日常であった。

そしてジープには、いつでも、そういった子供たちを見下げるようにして日本の女が同乗していた。——パンパンと呼ばれるひとたちであった。

パンパンは敗戦の世相が生んだ性のアダ花であった。

最近、私は、ひょんなことから、新宿ゴールデン街の酒場で「ラク町お時」の存在を知ったのだが、彼女はかつて、夜の女たちの巣窟《そうくつ》であった有楽町の〝ボス〟であった。

パンパンにはリンチがつきものだということは田村泰次郎の小説『肉体の門』で知っていたが、「ラク町お時」のリンチはそんななまやさしいものではなかった。

たとえば、『肉体の門』の場合は――

敗戦後の廃墟となった東京・上野駅の地下道は戦災浮浪者や、孤児、夜の女たちの巣窟となり、夫や親を失った女たちが焼け跡のビルの地下で共同生活をしていた。彼女たちは皆素人の娼婦で、肉体を提供する男には情を通じてはならないという鉄則があった。ある時、この地下室に警察に追われたヤクザ風の男がまぎれ込んでくる。その虚無的な男と娼婦の一人ボルネオ＝マヤとが恋愛関係におちいった。マヤは掟にしたがって仲間から半殺しのリンチを受ける。マヤは後悔することなく、宙吊りのまま、あたかも、殉教者の如くに仲間を見おろす……。

という筋書きだが、「ラク町お時」の場合は、小説と違ってもっとすごみがあった。よその女がシマを荒らしたといってはリンチを加え、仲間のものを盗んだといってはヤキを入れた。

田中貴美子は「ラク町お時」が、シマを荒らした上野《ノガミ》の女にリンチを加える光景を目撃して、それをつぎのように記している。

「お兼、焼いといで……」

お時姐さんに言われて、兼子はお店の火鉢から火箸を一本引抜くと、奥の調理場へ行きました。

「お前たち、このガキが暴れないように押えつけな」（中略）

「おい、お信、ズロースを下へおろしな」

お信と呼ばれた女は、姐さんに言われて、押えつけられながらも、もがき抵抗する立っている女のズロースを足もとまでおろしてしまいました。

女の色白のきれいなお腹や腰が、私たちの眼の前にさらけ出されてしまいました。

「さあ、熱いよ」

先が真赤に焼けた火箸を持って兼子が、奥の調理場から出てきました。私は自分がリンチでもされるような心地で、さっと眼をそむけてしまいました。

そのうち毛の焼けるような嫌な匂いがしたかと思うと、

「ぎゃあっ！」

と悲鳴があがりました。

「ああ、痛い痛い。許して、堪忍して……」

悲痛な叫び声に、見ると、女の股の間に焼火箸をつけた兼子の悪鬼のような形相が、眼に這入りました。

「帰ってお前んとこの姐ちゃんに言っとくれ。仕返しするならいつでもお相手するってね」

（『女の防波堤』）

いやはや、すさまじい光景である。

米軍の自動小銃をつきつけての輪姦、強姦もすさまじいが「お時」のリンチはさすが〝ハンパ〟ではない。

お時さんは、昭和二十二年四月、ＮＨＫの「街頭録音」という、いまでいうところの街頭インタビュー番組に登場してその名をひろく知られたが、録音の中でお時さんはこう語っていた。

「こんな生活を三月もつづけたら、もう決して救われないわね。病気にはなる。サツにはあげられる。だんだん箔《はく》がついてくると、一生かたぎになれないんだという気がしてヤケになるのね」

お時さんはのちに足を洗って結婚する。陰毛が生え、乳房がふくらんできたのは結婚したあとだった、という。栄養不足で、体の発育がそれほど遅れていたのである。あまりにも悲しすぎて、つい、笑ってしまいたくなるような話である。そんなお時さんも、すでに六十の坂を越えた。いまでも、ときどきゴールデン街の酒場で姿を見かけることがあるが、なかなかどうして、カクシャクとしている。だが、その目は、どこか厳しいものを秘めている。いつまでも、心のキズは癒えないのだろうか――

いま、お時さんは、ゴールデン街の姐さんたちの相談相手になっている。その道では、やはり、お時さんは〝ボス〟なのである。

おケイちゃん

悲シクハアリマセン
悲シミナンテ　モウ
ドコカへ行ツテシマツタ
悲シイナンテ

ゼイタクナ甘ツタレデス
ダケド
朝眼ガ覚メテ
昔ノヨウニ
スグ起キルコトガデキナイノハ
タシカニ
悲シイ習慣デス

頭ガ重ク
背中ヤ腰ガ痛ク
ソシテ
心ガ痛ムノデス

考エテモ仕方ナイコトヲ
ドウシテモ

繰返シ考エテイル
一番重ツタイ
眼覚メノ時間デス

『何ヲ考エテイルノ』
オ客サンガ
カナラズ聞キマス
『何モ考エテイナイノ』
カナラズ答エルコトニシテイマス

幾通リモ作ツテアル
身上話ノヒトツヲシナガラ
オ客サンノアイヅチニ
馬鹿々々シサガコミアゲテ
眼ヲソラシマス

一度本気ニナッテ
ホントノコトヲ
言イカケタコトガアリマシタ
ソノオ客サンハ
海ノヨウニ深イ眼ヲシテイマシタ
絵ヲ描イテイル
人デシタ
『君ノ眼ハ、悲シミガ
コオリツイタヨウダ』
トカ言ツテイマシタ

ダケド　ソンナ人ハ
メッタニ来マセン
筋書ノキマッタ話ヲ
スラスラタドリナガラ
ホカノコトヲ考エテイル毎朝デス

悲シクアリマセン

（喜代美『明るい谷間』）

＊

熱帯夜の続いている土曜の新宿歌舞伎町をぶらぶらしていると、水着姿の女たちが店先で、道ゆくひとにだれかれかまわず手招きしながら呼びかけている。

「ねえ、ちょっと、そこのお兄さん、寄っていかない……」

そして、媚《こ》びるような仕草で、

「ねえってば……」

などと、いかにもギャルであります、といった黄色い声をはりあげては、客の袖を引いている。

ひやかし半分で彼女たちに近より、少しヨタ話をして、さて帰ろうとすると、

「フン、馬鹿にしやがって、手前なんぞ死んじまえ！」

というすさまじい罵声がいきなり背中からとんできた。

私は、おやっと思った。そして、おもわずクスクスとひとり笑ってしまった。

このセリフには聞きおぼえがあった。

これは、いまでもそうだが、かつて新宿ゴールデン街がキャッチ・バーで人々に恐れられていたころのキャッチの姐さんたちの吐くセリフとまったく同じであった。違いといえば、ゴールデン街の姐さんたちは、ただひたすらに暗く陰うつで、どこか隠花植物の雰囲気を漂わせているのに対して、歌舞伎町の水着ギャルは、そこぬけに明るく、水着姿を道ゆくひとびとにさらしてあっけらかんとしており、まるで顕花植物のようである。

区役所通りのただ一本の道を隔てただけで〝街〟の様相は一変していた。——当然にも、そこに蠢《うごめ》く女たちの価値観にも、時の流れがいやというほど感じられる。ゴールデン街の姐さんたちは、すでに時代からとり残され、水も枯れきった毒花といっていい。かたや水着ギャルは、歌舞伎町という世界の最先端をゆく若い毒花であった。

区役所通りを大久保方向にぶらぶら歩いてゆくと、風林会館につきあたる。

このあたりは、いまや街娼の溜り場になっている。キャッチがうようよしている。

「ねえちょっと、お兄さん、タバコの火をかして……」

などと、彼女たちは、いかにも手慣れた口ぶりで言い寄ってくる。そしらぬ顔で彼女たちのまえを通り過ぎようものなら、背中から、

「ケチ！　貧乏人が！」

と、例によってわけもなく罵《ののし》ってくる。

だいたい、こういったセリフを吐く街娼は五十がらみのすさみきった女たちである。いまさら手練手管もあったものではない。

「ねえちょっと、そこのおじいさん、何度いったりきたりしてんのよ。どこの店さがしてんの。どこにいっても同じよ。クチアケに寄ってってよ、安くしておくからさ！　ねえ！　一杯だけでいいからさあ……」

などといわれて、強引に引っ張りこまれる酔客もいる。

ある時、彼女たちの一人がこぼしていた。「改正風俗営業法」まえまでは仕事がしやすかった。風林会館前の一部では、一日の「場所代《ショバ》」が一万円で済んだ。ところが新「風営法」成立以後は、ヤクザに支払うショバ代がいっきに二万円になったという。客がとれなくても〝街〟にたてば、たとえ一日に一円の稼ぎがなくても二万円はもってゆかれるとのことであった。

「ほんとにあいつらは虫けら以下だよ」

とぼやいていた。

そんなグチをこぼす彼女たちをみかねてか、ヤクザのお兄さんたちは仕事の手口をいろいろと指導してくださるそうである。曰く、ホテルでの〝やらずぶったくり〟。曰く、酔客に対しての路上での〝だきつきスリ〟。

「ねえ、あんた、そんなこと毎日できると思う？　できるわけないじゃない。ほんとにあいつら馬鹿にしくさって……」

と、いうのであった。

とにかく、彼女たちがなにを話そうと、わたしには、そのような業界に対してなにを言う義理も資格も持ち合わせていない。ただ、だまって聞いて、「ああ、そうなの」と、肯くばかりであった。

——それにしても、何かわびしいものを感じる。

わたしは、歌舞伎町の雑踏のなかを歩きながら、十数年前のある一夜を思い出していた。

それは雨の日だった。

わたしは、夜の十時頃、ゴールデン街の馴染みのおケイちゃんの経営する小料理屋の暖簾《のれん》をくぐった。この時間帯ならば、ふだんは常連の客でムンムンしているのだが、その日は雨にたたられたせいか、客はかなり年配の女性ひとりであった。どことなくけばけばしい雰囲気のするひとであった。

椅子にすわったが、どうも、いつもの店の雰囲気とは違っていた。いつもなら、

「いらっしゃい！　元気にやってっか！」

などと、男まさりの元気な声でむかえてくれるおケイちゃんであったが、その日ばかりは「いらっしゃい」ともなんともいわなかった。どうやら二人は、私が店に入るまで、なにかいいあらそっていた様子であった。

二人はおし黙ったままであった。

突然、年配の女性が、

「あたし、帰るわよ！」

といって、いきなり店をとびだしていった。おケイちゃんはものすごい形相で、去ってゆく女性の背中を暖簾ごしに睨みつけていた。

しばらくたった。それでも居心地が悪かった。客はまだわたしひとりであった。そこで、

「さっきのひと、だれなの？」

と、ズバリときいてみた。

するとおケイちゃんはうつむきかげんにボソリといった。

「あたしの母親なの……」

わたしはそれだけ聞くと、その日は店を出た。

それから数日して、おケイちゃんの店に顔をだすと、こんどはまえとはうって変わって、席に坐るか坐らないうちに堰《せき》をきったようにベラベラと話しかけてくるのであった。

「あんちくしょうったら、きのうまた来やがってさあ」

「ひとのこと、さんざんな目にあわしておいてきたくせに……」

「ほんとにしょうがねえ婆《ばば》あだよ」

と、おケイちゃんはいかにも憎々しいといった表情で、額や目じりにシワをよせながら、話し始めた。

「あのクソ婆あったら、いい年こいてさあ、六十歳すぎてるんだよ、あんた。それで、男をとっかえひっかえわたりあるいてさあ、男に捨てられるとかならずあたしのところにくるのよ……ほんとに、いやになっちゃうわよ」

「ねえ、どうしてだかわかる？　カネせびりにくるのよ！」

「まったく、さっさと死んじまえばいいのに……そのほうがあたし、すっきりするわよ！」

「いまさら親を恨むわけじゃないけどさあ、でも、ああして、なんとなくねえ……、いいたくないけど、やっぱり、いいたくなるわよねえ……」

「あの人が死んでくれたら、あたし、ほんとにすっきりするのよ。あんちくしょうのために、あたしがどれだけ苦労してきたと思う」

と、語気を強めていうのであった。涙声であった。

「考えただけで涙が出てきちゃうわよ……。だって売春までしてきた女なんだもの、あのメス犬は」

「ほんとに、つかれるわ……」

おケイちゃんは、九州は博多の生まれであった。中学を卒業すると同時に、身売りされるように旅館の女中奉公に出された。場所は東京、新宿ゴールデン街である。

「売春防止法」が施行された二年後の、昭和三十五年の春であった。

巷では、安保反対のデモが毎日のように繰り出されていた。が、そのようなことは、おケイちゃんには関係がなかったのだ。〝安保〟などという高級なコトバを知るよしもなく、ただ、生きることで精一杯のおケイちゃんの目のまえに大きくたちはだかっていたものは、不安だけであった。親に放り出されて、これからどうして生きていこうかという不安で胸がいっぱいであった。一メートル四十センチ、体重四十二キロの体──十五歳であった。

「あたし、どうして生きてゆこうかと思ってね、ほんとに何回も、まじめに自殺を考えたわよ」

と、屈託なく声高に笑いながら話すのであった。

旅館の仕事は辛かった、という。

「だいたい売春が禁止されたあとでしょ。だから、旅館といってもね、連れ込み旅館じゃない、お客はオマンコするつもりでくるんだし、オマンコするのに昼も夜もあったもんじゃないわよ。わたしがいたのは連れ込み旅館なものだから、それはそれは朝から晩までひっきりなしよ、みんなスッポン、スッポンやった後始末をしなきゃならないじゃない。だって、こっちは女中だから、いやとはいえないじゃない……。それにあたし住み込みの女中だったもんだから、寝る暇なんてないのよ、ほんとに……。日曜日とか盆暮れにはオマンコすんのやめてくれっていいたいくらいだったわよ……。ほんとに忙しいんだから、連れ込みでなんか二度と働くもんじゃないわよ。昼も夜もあったもんじゃないんだから、アッハハハ……」

おケイちゃんは、いまの自分の店を持ってから、かれこれ二十年になるという。そのあいだ、一所懸命働いたのだった。

そのせいか、彼女の体はボロボロになってしまっていた。左右の卵巣はすべて取り除いてしまっていた。昨年は、腸にポリープができたといって、これまた手術をした。そしてこんどは腸ネンテンだといって入院。まさにおケイちゃんの人生は、画に描いたような「傷だらけの人生」のようである。

——そんなおケイちゃんに、あるときわたしは、いまの女ってどうなっているんだろうね。といって、ふざけ半分に『モア・リポート』を見せたことがあった。

おケイちゃんは、しばらく『モア・リポート』をのぞきこんでいたが、突然、

「まあ、あきれた。これ、なんなの……」

と、目をパチクリさせた。

『モア・リポート』には、たとえば、つぎのようなことが報告されている。

曰く——

ジェットコースターの上り坂をぐんぐん登りつめてゆく感じ。なるべくゆっくり、その時をひきのばそうという意識がブレーキをかけながら、どうしようもなく加速度がついてゆく。空が青くてからーんとして、頭の上には、ただその青い色の

広がりしかない。泣きたい気持ちと、笑いたい気持ちが、風船玉のようにふくらんでたかまってゆく。そうして、ある一点で、ポーンと放たれて飛翔する感じ。あとは目を閉じて、果てしなく安堵の深みへ落下してゆく。浮遊しながら落下してゆく感覚が最高。きりきりとしぼられ、はりつめてゆく弦になったような体。ふいに、ふうっと力が発散して、やわらかくなってゆく……　（三〇歳・会社員）

ついでにもうひとつ――

クリトリスに集中していた感覚がワギナに広がり、それまでの〝熱い〟という感覚が、一瞬〝冷たい〟感覚に変わる。快感が子宮に広がり、体の内部が空洞となり、下腹部が落ちてゆく感じがする。下腹部の感覚がすべてになり、ワギナから体の内部がすべて排出される感じがし、その直後にワギナ、肛門が体の内部に強く引き込まれるように収縮し、それが三～五秒続き、その後、細かな収縮が十秒くらい続けて起こる。そして収縮が終わると、感覚は頭に戻る　（ＯＬ・二十三歳）

これは性交のとき、オーガズム時の肉体に起きた反応を一般の女から報告してもらったものである——という。

おケイちゃんは『モア・リポート』から目を離して、

「ヒエー、いまのオンナはすごいのね！」

と、目をパチクリさせたあと、

「あたしは、まだ、カタギね」

と、真顔でいった。

——それから、しばらくして、

「でも、あたし、なんのために生きてきたのかしらね」

と、ボソリと呟いた。

第六章　呑み屋の文化

ゴールデン街で飲めば文化人!?

かつて、ヒッピーがたむろしていた喫茶店「風月堂」。

若き日の三島由紀夫、白石かずこ、江波《えなみ》杏子《きょうこ》が顔をみせたモダンジャズの店「キーヨ」。

戦後、文学者をつぎつぎに世に送りだした河出書房の編集者、坂本一亀の行きつけの店「カヌー」。

幻想文学者の溜り場だった「バラード」。

夜毎、足立正生《まさお》、唐十郎、若松孝二たちの乱闘、流血事件の続いた酒場「ユニコン」。


これらの店が消えて久しい。

ロカビリー喫茶「アシベ」、「ゴーゴー・スナック「チェック」や「プレイハウス」など六〇年代の新宿名所もいまはない。

「かつて、新宿は戦場だった」と知る人は、もう中年、熟年であろうか——と想い出を語るのは「アートシアター」支配人、葛井《くずい》欣士郎《きんしろう》であるが、いまや「新宿」はさまざまな神話や伝説を残しながら、新しく大きく生まれ変わろうとしている。

いまや夢まぼろし——といえば、新宿のその語り草は新宿二丁目の「赤線」、それに新宿ゴールデン街の「青線」である。「赤線」も「青線」も、いまは伝説の中に埋もれてしまった新宿の一点景である。

そして、いつかは——いまの新宿ゴールデン街が、その語り草の仲間入りをする日も、そんなに遠い将来のことではない。

昭和五十九年五月十七日の木曜日の夜、新宿厚生年金会館でゴールデン街の「まえだ」が開店二十周年記念パーティーを開き、四百名以上の客が集まった。会場には「新宿文化人」と称される、作家や映画・演劇の関係者があちらこちらに見受けられたが、とくにわたしの印象に深く残ったのは、出版またはマスコミ関係に携わっているサラリーマンの人たちの言葉であった。

皆が久しぶりだねえといいながら挨拶におおわらわであった。かれらは「ゴールデン街」を懐しく語りあっていた。

ある客は「まえだ」が二十周年記念パーティーを開くので三年ぶりに出て来たのだといい、もしかしたら誰か昔の知り合いにでも出逢えるのではないか……といった期待感と懐かしさをこめて出席した——と語っていた。

いまでは中年あるいは熟年に達している、そういったサラリーマンの人たちが懐旧の挨拶をかわしている光景が目に焼きついた。かれらは青春の一時期を「新宿」――なかでもゴールデン街で過ごし、通り過ぎていった人たちであった。

＊

あらためていうまでもなく、「新宿ゴールデン街」は終戦後の新宿駅周辺のバラックの「呑み屋」あるいは露店商の「屋台」の――いわゆる闇市の人たちが、集団的に移動してきて作られた街で、すでに三十七年以上経過している。昭和三十三年四月一日の売春防止法以後、新たに「新宿ゴールデン街」に〝光〟を向けさせたのは、初めにも書いたように作家の佐木隆三であった――。

それまで「新宿ゴールデン街」は知る人ぞ知る街で、馴染みの客がささやかに呑み屋の屋台骨を支えていたのである。

売春防止法以後にゴールデン街に最初に「文化人」を連れてきたのは「プーサン」のママや、新宿駅東口にあったバラックの呑み屋街・ハモニカ横丁時代から「ノアノア」に勤めていた坂本和子の「モッサン」であった。「プーサン」は、文学界の第三の新人と称される吉行淳之介や安岡章太郎、遠藤周作といった人たちや、瀬戸内晴美、画家の岡本太郎、漫画集団の富永一朗などを連れて来たのである。「モッサン」の場合は「ノアノア」の客を丸ごとゴールデン街に連れて来たといっていい。佐木隆三もその客の一人であった。

——ところが、昭和五十年度下半期第七十四回直木賞に佐木隆三が受賞決定するやいなや、その夜から、全マスコミは「新宿ゴールデン街」で呑み歩いている佐木隆三の姿を競うようにして全国に報道した。「作家は新宿ゴールデン街から」——とまではいわないにしても、そのつぎの日から、「新宿ゴールデン街」で飲めば「文化人」になれるというコトバがマスコミを通じて語られるようになった。これは風俗史的に捉えれば一つの「事件」であった。

たとえば、紀伊國屋書店社長で稀代のプレーボーイとして浮名を流した田辺茂一などは、それまで、目と鼻の先にあるゴールデン街には一歩も足を踏み入れたことなどなかった。

「茂一さん、どうしていままで来なかったの?」

と聞いてみると、「青線時代は時々来たがね、売春禁止法以後はこの街がキタナクなったから来なかったよ」

という返事であった。

田辺茂一がこのときゴールデン街に現われたのは、日本ペンクラブ大会の流れで、若い女の子が「新宿ゴールデン街」に行くというので、その娘の尻を追いかけて「ナベサン」という――まさにキタナイの代名詞のような呑み屋に来たのであった。

それからというものはゴールデン街を小説に書いてしまうほどで、週一回といわずに銀座の流れでホステスを伴い、ときには、噺家の故林家三平などと連れだって現われた。そして、帰りはきまって新宿二丁目の「ナジャ」に直行するのが習慣のようになっていた。

すべては偶然の成り行きであったように思われる。佐木隆三が直木賞を受賞したのも、ゴールデン街がマスコミの脚光を浴びるようになったのも……。

新宿呑み屋列伝

ゴールデン街の呑み屋を云々するまえに、少し新宿の先輩呑み屋を鳥瞰してみる。

まず、最古参といっていい郷土料理店「秋田」。店は昭和五十三年四月に閉じられたが、元主人の神成志保《かみなりしほ》の『わたしの酒亭・新宿「秋田」』によると、開店は昭和七年八月一日であるという。あとで述べる銀座出雲橋の「はせ川」は昭和五年の開店であるから、ほぼ同時代を生きてきたことになる。客筋としては、文学界を彩る作家たちが多かった。「歴程」の主宰者で詩人の草野心平の経営する「学校」。詩人は当然のことながら多くの文壇人が集まる。

平凡社の下中邦彦が根城にしていた千鳥街の「ノラ」。残念ながら「ノラ」は立ち退きで店を閉じてしまったが、この店は「歴程」の同人の多かった店である。

そして、まえにもふれたように「ナルシス」があり「五十鈴」「みち草」「小茶」「ノアノア」「あづま」「利佳」「風紋」「どん底」「山小屋」「馬酔木」「池林房」「呑々」「ナジャ」「猿の腰掛」……。

また、いまは店を閉じてしまったが「柚の木」がある。「柚の木」は漫画家の林静一夫人が「風紋」で働いたあと経営していた店であった。それから「カヌー」「風月堂」「どんがばちょ」「モッサン」、大島渚グループの「ユニコン」「茉莉花・未来」「詩歌句」等々がある。

それに、寺山修司の最初の作品集『われに五月を』を、中井英夫とともに出版した元作品社社主の田中貞夫経営の「バラード」。

また、「エイジ」「あり」「びきたん」「ＡＩＲＡＲＡ」「鞭鞄」といったゴールデン街の親戚呑み屋も多い。――とくに、高江奈津子経営の「アンダンテ」などは、野間宏や埴谷雄高を筆頭に日本の主な作家を丸ごと抱えており、「茉莉花」が閉店してしまったいまとなっては新宿唯一の文壇バーといっていい。彼女は、以前は歌舞伎町で八人程でほぼ満席といった小さな店を七年ぐらい構えていたが、新宿五丁目の「風紋」の近くにあった伊東聖子経営の元「詩歌句」を引き継ぎ、「アンダンテ」を始めたのである。いまは客席も二十を数えて、ゴールデン街を支える客ばかりで賑わっている。また厚生年金会館うらの「英《ひで》」などは、作家の高橋和巳が生前は毎日のように通った店で、「アンダンテ」とは姉妹店でもある。

最近では「浅田スキゾ」グループ、あるいは文化人類学者の山口昌男、作家の大江健三郎、哲学者の中村雄二郎など岩波書店系の「知」の最前線グループが溜り場としている「火の子」などは、ゴールデン街の親戚呑み屋の代表格である。

ところで、これらの多くの呑み屋の客筋であるが——たとえば、昭和三十五年の夏に「ノアノア」が開店十三周年記念パーティーを開いたが、そのパーティーの案内状によると——なんと、発起人の名前がズラリ二百三十六人並んでいる。それに驚くことは、大変な顔ぶれなのである。発起人といっても、かならずしも店の常連とは限らないだろうが、それにしても壮観である。

いまでは亡くなられた方も多いが、とにかく、二百三十六人の名前を列記してみる。

会田綱雄　青江舜二郎　青山泰雄　青山典子　秋庭太郎　芥川比呂志　浅見淵　朝山蜻一　東幸雄　阿部金剛　有吉佐和子　有住宅蔵　井上光晴　伊藤桂一　伊馬春部　伊波南哲　伊喜見禎吉　猪野省三　池島信平　石川中序　石川照介　禱貞夫　入沢博愛　糸川英夫　岩佐氏寿　岩崎貞男　岩崎武夫　宇佐見英治　上野秀和　植草圭之助　植草甚一　植田敏郎　内山敏　内海栄治　内山尚三　梅崎春生　梅崎恵津子　江川卓　江沢譲爾　蝦名賢一　小川三雲　小倉遊亀　小山田二郎　小倉三郎　大浦資郎　大木惇夫　大木貞一　大越陸助　大島愛高　大塚信雄　大歳克衛　大藪春彦　大森忠行　岡田和子　岡本太郎　岡村夫二　開高健　角川源義　笠置季男　梶山季之　勝本正晃　勝本富士雄　鴨居羊子　唐木邦雄　河上徹太郎　河合仁四郎　川村光郎　亀井治子　菅忠道　観世栄夫　木島始　木村了　菊池一雄　岸田今日子　北原武夫　北杜夫　北原道貫　北川民次　清川泰次　ジョセフ・A・グレイス　工藤幸雄　日下実男　草野心平　葛上周次　楠本憲吉　熊谷二郎　熊谷次郎　倉岡桑男　倉田地三　栗田勇　栗原一登　小林純一　小森隆生　古賀忠雄　五所平之助　後藤明生　後藤昌次郎　河野典生　佐々木基一　佐々木久子　佐藤義美　サトウサンペイ　佐藤真一　佐藤信行

佐野庄平　佐波甫　相良守次　坂井田几美雄　桜井克興　桜井佐内　崎谷武男　里吉竜吉　斯波四郎　清水正二郎　島村喜久治　下中邦彦　篠田一士　白井健三郎　白井信治　白井忠正　榛葉英治　新庄嘉章　杉山昭次郎　鈴木俊平　鈴木孝　関英雄　瀬木慎一　昔々亭桃太郎　宗左近　相馬正一　相馬勝夫　田辺茂一　田村茂　田村泰次郎　鷹山宇一　高橋洸　高橋錦吉　高橋七五三　高木瞳　高久虔一　滝口修造　立野信之　橘秋子　巽聖歌　玉城肇　谷耕平　樽井近義　知切光歳　千原三郎　土本満寿雄　辻まこと　辻淳　寺崎浩　寺田竹雄　十返肇　十返千鶴子　戸板康二　徳大寺公英　富島健夫　中原佑介　永井鱗太郎　流政之　新島繁　新田潤　西脇久夫　野村守夫　芳賀檀　橋本福夫　長谷川四郎　原卓也　花岡忠男　針生一郎　林俊一　林宗宏東島克巳　東原徹　久富貢　平山亮太郎　福田清人　福田蘭童　福地賢治　福原清藤昌秀　藤沢典明　藤田五郎　藤本真澄　藤森良夫　布施巳知男　古川正重　古田十郎　古谷誠　紅谷隆二　帆足計　星新一　堀内規次　堀内正和　松井悌子　牧嗣人牧田茂　松下井知夫　松下紀久夫　松本清茂　松本孝　松本元治　丸岡明　黛鼎　三島一　三島宣　三谷昭　三宅正太郎　三輪篤信　水島治男　宮内寒弥　宮坂哲文　美作太郎　村上菊一郎　村松剛　室淳介　米良道博　茂木幹夫　本明寛　矢内原伊作保高徳蔵　保高みさ子　安田与佐　矢牧一宏　弥谷醇平　山県敏夫　山口薫　山口長

男　山岸外史　山田清三郎　山元平八郎　横山正彦　ヨシダヨシエ　吉行淳之介

といった顔ぶれである。

ここで気がついたことは、不思議なことに、これだけのメンバーのなかに映画人あるいは演劇人の名前がみあたらないことである。――思うに、昭和三十五年頃の新宿の街には、映画人あるいは演劇人はあまり近よらなかったのではなかろうか。

では、他の店はどうか。「秋田」と「あづま」と「利佳」と「カヌー」の客の名前を挙げてみる。

まず、「秋田」の客――

坂口安吾　中野重治　川島雄三　佐々木孝丸　丸山定夫　近衛秀麿　青野季吉　福田豊四郎　谷崎精二　関口次郎　岩田豊雄　中島健蔵　金子洋文　壺井繁治　村山知義　太宰治　井伏鱒二　浅見淵　木山捷平　尾崎一雄　佐多稲子　丹羽文雄　伊藤整　亀井勝一郎　三好達治　草野心平　高見順　十返肇　壺井栄　芝木好子　船山馨　田村泰次郎　安岡章太郎　遠藤周作　開高健　梅崎春生　小川未明　坪田譲治　百田宗治

伊藤昇　暉峻康隆　新庄嘉章　滑川道夫　山本薩夫　今井正　宇野信夫　池島信平
中山善三郎　今井田勲　草野貞之　巌谷大四

つぎに「あづま」の客――

大久保利謙　服部之総　井上光晴　猪野謙二　加藤一夫　唐木邦雄　川崎庸之　金達寿　木村亨　佐々木兄　佐々克明　長岡光郎　奈良本辰也　西野辰吉　野間宏　埴作楽　松下英麿　藤沢典明　宮川寅雄　井上清　遠山茂樹　小西四郎　田所太郎　安藤更生　遠藤湘吉　三笠宮崇仁　副島種経　杉浦明平　松島栄一　高橋碵一　時枝誠記

つぎに「利佳」の客――

時枝誠記　成瀬正勝　窪田敏夫　麻生吉郎　巌谷大四　扇谷正造　大島幹義　小堺昭三　サイデンステッカー　相良守峯　佐藤輝夫　白井浩司　新庄嘉章　田辺茂一　徳川宗賢　中島健蔵　滑川道夫　野間光辰　野村万作　平岡敏夫　保坂弘司　山室静　吉田精一　池島信平　暉峻康隆　谷崎精二　川口篤　佐藤朔　山田爵　青野季吉　鈴

木力衛　高見順

そして「カヌー」の客——

岩渕鉄太郎　押川俊夫　小林達夫　石郷岡敬佳　尾畑雅美　坂本一亀　石堂淑朗　川畑文憲　佐藤重臣　石井恭二　唐島英三　佐藤宙史　伊賀弘三良　北原武夫　佐野美津男　浦山桐郎　久里洋二　白井浩司　大坪昌夫　栗田勇　志田京一郎　長部日出雄　楠原義一　白井健三郎　岡本潤　久保田万太郎　鈴木創　小川徹　小林大治郎　鈴木勇　杉村友一　中原佑介　丸谷才一　関根弘　新沼杏二　松田政男　田中健吾　野村万之丞　松本孝　竹内修司　林寿郎　水城顕　田辺茂一　埴谷雄高　山下辰己　田村泰次郎　八鳥治満　山岸一平　綱淵謙錠　半藤一利　山口守　堤堯　藤川清　矢牧一宏　寺沢正　福富太郎　雪正一　戸浦六宏　丸尾長顕　吉川潤　深沢七郎　平野謙　武田泰淳　野間宏　大岡昇平　三島由紀夫　中村真一郎　安岡章太郎　矢内原伊作　田村隆一　横塚繁　井上光晴　黒川紀章　高橋和巳　松山俊太郎　種村季弘　梶山季之　色川武大　大島渚　黒木和雄　佐藤慶　渡辺文雄　小松方正

――こうして、「ノアノア」「秋田」「あづま」「利佳」「カヌー」の客を挙げてみると、かなりダブっている客も多いが、「カヌー」以外の店には、やはり映画人や演劇人の名前はほとんどみあたらない。

昭和三十六、七年頃からようやく「カヌー」に大島渚を筆頭とするヌーベル・バーグの映画人が登場し始めるのである。――より正確には、「カヌー」のバーテンをしていた健ちゃんが、「ユニコン」を開店することによって、舞台が拡大されたといっていい。「ユニコン」は大島渚が不動産屋で探しあてた物件の店である。

こうして新宿が、映画人や演劇人の「街」となるのは、芸術映画、前衛映画を上映する株式会社日本アート・シアター・ギルド（ATG）が創設された昭和三十六年十一月十日以後のことであった。

場所の力

いま新宿の「文壇」バーのなかで一番の古株である「ナルシス」は、堀田善衞《ほったよしえ》の小説『若き日の詩人たちの肖像』を読むと――当時の雰囲気を彷彿とさせるものがある。

この小説は「ナルシス」という呑み屋が舞台で、「無産有知識階級」の人たちの交流が鮮やかに描かれている。

ナルシスは、角筈二丁目の、女郎屋街にほど近い、小さく暗いスタンドバーであった。（中略）立ち止って薄暗い飲屋街の軒燈の光りをとおして見ると、どうやらその軍歌をうたっている一群はナルシスから出て来たものらしく、よくよく見れば彼らの詩人たちであった。

「ナルシス」は戦前の昭和十三年十二月、新宿三丁目の新宿文化劇場裏に初めて店をもったというから、かれこれ四十八年になる。「ナルシス」には、一番若い十七歳の詩人の田村隆一をはじめ「荒地」の同人がよくあつまった。それから「歴程」のメンバー。それに新しく「近代文学」の連中が加わる。名前を挙げると、

鮎川信夫　中桐雅夫　黒田三郎　森川義信　堀田善衛　白井浩司　新庄嘉章　村上菊一郎　田村泰次郎　井上友一郎　丹羽文雄　石川達三　武田麟太郎　坂口安吾　太宰治　高見順　岡本潤　川島雄三　梅崎春生　勅使河原宏　一色次郎　草野心平　会田

綱雄　辻まこと　山本太郎　宗左近　埴谷雄高　佐々木基一　山室静　花田清輝　椎名麟三　井上光晴　安部公房　開高健　長谷川四郎　大島渚　東陽一……

「呑み屋」を五十年ちかくつづけてきて、ふと、うしろを振りかえると歴史がみえてくる。「ナルシス」はそんな呑み屋である。

そのほかに新宿のふるい呑み屋に「五十鈴」という酒場がある。「五十鈴」の藤田桂さんは、戦後の新宿を語る場合になくてはならない人である。佐多稲子の『風になじんだ歌』は、この藤田桂さんがモデルだといわれている。この作品では戦後の新宿の風俗や人情があざやかに描かれている。

ところで、〝無産有知識階級〟の人たちの集まる「場」だけが「新宿文化」なのではない。なにやらわけのわからない新宿のもつ「異物」を総称して「新宿文化」というのである。

新宿の闇市やマーケット、尾津組、安田組、和田組、野原一家、そして、戦後新宿の「呑み屋」の出発点ともいうべき「ハモニカ横丁」を含め、高野、中村屋、伊勢丹、三越、紀伊國屋書店と、さらに、わけのわからないものを、もし「文化」と称するならば、乞食、ポンビキ、チンピラ、ヤクザ、売春婦、キャッチ、パンマ、オカマ、ホモ、レズ、はてはキャバレーのねえちゃん、ソープランド・ホステス、ノーパン嬢、ストリッパー、クラブホステスと果てしなく続く多様な職業をもつ人々もまた新宿「文化」の担い手のひとりであり、これはいってみれば「闇の文化」の主役たちで、甘い言葉を一声かけては客を誘い、身ぐるみはいでポイッと道端に放り出してポリ公にフン捕まる前にすばやくトンズラするという、やらずブッタクリの達人たちである。

それで思い出したが、いつぞや、フランスの作家ジャン・ジュネに会って来た詩人の長谷川龍生が、ジュネはいまだに、いっこうに泥棒根性がぬけきらず、大変ケッコウなことだ、とうらめしそうに話をしていた。何の飾りも調度品もなくただベッドと椅子しかない、まるで獄舎の一室かなにかのような部屋で暮らしているジュネの姿は、いつまでも眼にやきついているといっていた。

そのとき、ジュネは、ジーパンに白いコートを着こみ、足にはズックといった軽いなりをしており、これからすぐにロンドンに発つというので、長谷川龍生は、邪魔をしてはいけないと早々に引きあげてきたのであるが——あとで聞いた話によると、なんのことはない、ジュネはロンドンどころか隣のスナックに行っただけであり、まんまと一杯くわされた——ということであった。

かつて、三島由紀夫はジュネについて「ジュネは猥雑で、崇高で、下劣と高貴に満ちている。二十世紀のヴィヨン、泥棒の天才、しかもその詩心にひそむ永遠の少年らしさは、野獣の獰猛《どうもう》な顔をした天使を思わせる」——といったが、そんなジャン・ジュネも死んだ。享年七十五であった。

泥棒といえばひとぎきが悪いが、しかし、泥棒もひとつの芸道であってみれば、泥棒のジャン・ジュネがサルトルの援助を得て、フランスの「文化人」に成りあがったのも、わたしにはうなずける気がする。

そういえば、吉原の開祖は庄司甚右衛門《しょうじじんえもん》だといわれている。この人の経歴はあまりはっきりとはしていない。しかし、その正体は、どうやら江戸の大泥棒だったのではなかろうかということである。たぶん「鬼平」こと長谷川平蔵の子分だったのであろう。泥棒が〝吉原の文化〟を作りあげたのは、たとえばジュネに比してもさほどの見劣りはしないのではなかろうか。

［庄司甚右衛門］一九八八年発刊の人名辞典には、庄司甚右衛門（一五七五〜一六四四）。江戸時代前期、遊廓の創始者。天正三年生まれ。小田原北条氏の浪人。はじめ

甚内と称し江戸で遊女屋西田屋をいとなむ。幕府にねがいでて、元和三年吉原遊廓をつくり惣名主となる、とある。隆慶一郎の小説『吉原御免状』で一躍有名になった庄司甚右衛門である。著者は執筆の時点では徳川家康お墨付きの「御免状」をもつ庄司甚右衛門なる人物を泥棒の「頭」と思いこんでいた。間違いを訂正する。

見劣りがしないといえば、銀座出雲橋に「はせ川」という呑み屋があった。いまは会社帰りの、いわゆる〝有産無知識階級〟のサラリーマンだけになってしまったといたく寂しげに嘆いていたのは、たしか河上徹太郎ではなかったか……。それは、かつてのアーサー・シモンズよろしく、移り変わる時の流れに憂愁の念をはせてのことではあろうが、いずれにせよ、「はせ川」は「サロン・ロイヤル」とともにあった。

河上徹太郎がなにかの回想に、一時は栄華を誇った「サロン・ロイヤル」で、『象徴主義の文学運動』の著書で名高いかのアーサー・シモンズが、ひとりポツンと椅子に腰掛けて新聞か何かを読んでいた――と書いていたのを読んだことがある。そして、年老いたシモンズのうしろ姿に、時の流れのどうしようもない寂しさと孤独を感じた――と回想していた。

栄華を誇っていた一時期の「サロン・ロイヤル」は、ヨーロッパ世紀末の詩人、作家、芸術家、ジャーナリストたちで大変な賑わいぶりであったという。また一面でそれは、華麗に爛熟《らんじゅく》したヨーロッパ世紀末の「文化」における「場」を担った生き証人でもあった。オスカー・ワイルドが愛人ダグラスと酒をともにし文学を語ったのも「サロン・ロイヤル」であった。そのためでもあろうか、後々に、ワイルドは『獄中記』を書くはめに陥るのであるが――。

だが、それにしてもそこには、バーナード・ショーがおり、あの「ブラウン神父」で有名な毒舌家のチェスタートンがおり、イエーツがおり、T・S・エリオットがいる。そしてときには、ラフォルグ、マラルメ、ヴェルレーヌ、あるいはボードレール、ヴァレリー、アンドレ・ジイドまでが顔を出し、ワーグナー夫人のコージマも顔を出すといった――まさに、世紀末の人々の集う「サロン」であった。そして想うに、ヴィリエ・ド・リラダン、あるいはユイスマンス、加えて、若き日々のアナイス・ニンなども顔を出したことであろう。

ともかく、「サロン・ロイヤル」はまさにヨーロッパ「文化」の担い手が一堂に会した「場」であった。

中島健蔵の『回想の文学』第四巻二六一ページに、次のようなくだりがある。

この回想の中に、たえず出てくる銀座出雲橋の「はせ川」は、戦後改築してコンクリートの小さなビルの一階に、同じような感じの店を出していた。わたくしが一ばん足しげくかよったのは、この回想の時期で、「はせ川」ぬきでは回想も成り立たないような始末になった。「はせ川」の店開きは、一九三〇年（昭和五年）十二月九日という。

最初にわたくしを「はせ川」につれていってくれたのは、この回想の第二巻第三章にあるとおり、久保田万太郎であった。それが何年何月何日であったかはわからないが、大体、一九三一年（昭和六年）かその翌年のうちだったろうと思う。その「はせ川」が、いよいよ店をしめて、画廊「長谷川」に転身するという知らせを受けたのは、一九七七年（昭和五十二年）五月であった。やがて、六月十日新宿局の消印のある往復はがきがきた。

中島健蔵が、「はせ川」ぬきでは回想も成り立たない――といっているのは、おそらく嘘ではあるまい。「はせ川」は中島健蔵の回想を支えるほどに「場」を提供していたのだ。

では、「はせ川」の常連はどのような顔ぶれであったのか。

久保田万太郎　宇野浩二　石川淳　小林秀雄　中原中也　富永太郎　河上徹太郎　吉田健一　中島健蔵　大岡昇平　今日出海　青山二郎　木村庄三郎　林芙美子　中村光夫　川崎長太郎　河盛好蔵　井伏鱒二　横光利一　坂口安吾　中山義秀　杉山平助　佐藤春夫　豊島与志雄　佐藤正彰　辰野隆　永井龍男　草野心平　三好達治　渡辺一夫　鈴木信太郎　岸田国士　川端康成　小島政二郎　林房雄　菊池寛　吉川英治　久米正雄　大佛次郎

きりがないのでこのへんで止めにするが、とにかく——呑み屋も五十年という長い期間を営業しつづけると、どうやら「文化」を担うもののようである。

ゴールデン街人名録

さて、ゴールデン街に目を移せば——清水昶がいみじくもいったように、ゴールデン街は「革命的ウルトラ零細呑み屋集団」であり、その客筋は〝無産有知識階級〟のひとびとである。

ところで、「新宿ゴールデン街文化」とはなにかといえば、それはたぶん、学者、作家、詩人、映画、演劇、マスコミ関係の人たちへの開かれた「場」のかもしだすものとしてあるのではなかろうか。

もとより、呑み屋に文化が詰まっているわけではない。ゴールデン街では昔の吉原とは違った形で二百七十軒余の呑み屋が密集することによって、文化を担う人々の憩いの「場」を提供しているということなのである。

ここでゴールデン街でわたしが出会った作家、詩人、評論家、映画、演劇関係者の名前を思いつくまま列挙してみる。その顔ぶれが、ある面ではゴールデン街を象徴するだろうと思うからである。なお、ジャーナリストはあまりにも多すぎるのでここでは省いた（＊印は故人）。

〔映画〕

大島渚　鈴木清順　今村昌平　山田洋次　＊浦山桐郎　藤田敏八　菅原文太　山崎努

倉本聰　田中晶子　桃井かおり　伊丹十三　殿山泰司　小松方正　佐藤慶　小川徹

松田政男　佐藤重臣　佐々木守　石堂淑郎　和田勉　今野勉　松本俊夫　瓜生忠夫

深作欣二　大和屋竺　太地喜和子　足立正生　中島貞夫　東陽一　黒木和雄　金井勝

長谷川和彦　後藤幸一　村木良彦　松田優作　山根貞男　斎藤正治　山口猛　若松孝

二　小沼勝　曾根中生　鳥丸せつ子　夏文彦　神代辰巳　金子信雄　鈴木則文　原将
人　滝田洋二郎　荒井晴彦　大森一樹　根岸吉太郎　森崎東　大林宣彦　田中陽造
森田芳光　相米慎二　かわなかのぶひろ　高橋伴明　関根恵子　姫田真佐久　鈴木達
夫　田村正毅　川上皓市　中島葵　原田芳雄　小平裕　内藤誠　中田新一　小林達比
古　宮川一夫　宮島義勇　石井聰亙　長崎俊一　田村孟　高間賢治　土本典昭　金子
正次　前田米造　前田勝弘　篠田昇　高木隆太郎　大津幸四郎　永島敏行　山谷初男
篠田正浩　吉田喜重　長谷川元吉　戸浦六宏　白井佳夫　実相寺昭雄　石橋蓮司　緑
魔子　渡辺護　中村幻児　沢井信一郎　吉行和子　小原宏裕　野上正義　山本晋也
田中真理　マックス・テシエ　アニエス・ヴァルダ　フランシス・コッポラ　川喜多
和子　中島丈博　佐藤忠男　熊井啓　岡田普　押川義行　須藤久　小沢昭一　＊斎藤
龍鳳　井筒和幸　田中登　大林宣彦　工藤栄一　藤井克彦　佐藤純弥　西村昭五郎
沖山秀子　岡本喜八　広木隆一　片岡修二　崔洋一　黒田輝彦　杉本信昭　蟹江敬三
榎本陽介　藤竜也

〔演劇〕
唐十郎　李礼仙　ヨネヤマ・ママコ　清水邦夫　蜷川幸雄　流山児祥　佐藤信　津野

海太郎　＊小苅米晛　扇田昭彦　森尻純夫　市川雅　麿赤兒　＊土方巽　田中泯　大門四郎　宮本研　北村想　山崎哲　斎藤憐　竹内純（銃）一郎　鴻英良　岡部耕大　内田栄一　斎藤晴彦　清水紘治　安堂信也　佐伯隆幸　大島勉　村井志摩子　桐山良子　大野一雄　河原崎長十郎　愚安亭遊佐　瓜生良介　中村文昭　＊たこ八郎　山元清多　ギリヤーク尼ヶ崎　神田紅　大森政秀　高取英　白浜研一郎　芥正彦　竹屋啓子　外波山文明　渡辺えり子　如月小春　草野大悟　千田是也　堂本正樹　天児牛大　大須賀勇　田村哲郎　三条万里子　観世栄夫　木村光一　東由多加　田中千禾夫　野村万之丞　松本小四郎　高山春夫　川村毅　七字英輔

〔作家〕
長谷川四郎　野間宏　埴谷雄高　中村真一郎　安部公房　井上光晴　渡辺淳一　小川国夫　長部日出雄　佐木隆三　田中小実昌　中上健次　高橋三千綱　色川武大　野坂昭如　金井美恵子　後藤明生　青野聡　古井由吉　立松和平　李恢成　金達寿　金石範　李良枝　吉村昭　武田百合子　三枝和子　宮原昭夫　中井英夫　黒井千次　阿部昭　坂上弘　岡松和夫　山田智彦　森内俊雄　森詠　真継伸彦　半村良　石和鷹　小沢信男　丸元淑生　夏堀正元　山本道子　岩橋邦枝　＊小泉喜美子　中山あい子　畑

山博　都筑道夫　谷恒生　＊田辺茂一　水上勉　三田誠広　小檜山博　千刈あがた
島田雅彦　吉田知子　斎藤惇夫　小田実　岳真也　高橋源一郎　沼正三　富岡多恵子
三木卓　山口瞳　川村千秋　村上春樹　尾辻克彦　石川淳　眉村卓　重兼芳子　志茂
田景樹　山田詠美　泉大八　＊小林勝　小島信夫　阿川弘之　三浦朱門　伊藤桂一
近藤啓太郎　高井有一　古山高麗雄　日野啓三　＊島尾敏雄　吉行淳之介　安岡章太
郎　遠藤周作　大江健三郎　倉橋由美子　田久保英夫　高橋昌男　津本陽　清岡卓行
阪田寛夫　丸山健二　山田稔　野呂邦暢　橋本真理　笠原淳　大城立裕　中沢けい
村上龍　丸谷才一　河野多恵子　加藤幸子　飯尾憲士　中田耕治　中薗英助　後藤明
生　中野孝次　胡桃沢耕史　長崎夏海

〔写真〕
荒木経惟　高梨豊　渡辺克己　斎藤忠徳　浜谷浩　福島菊次郎　浅井慎平　橋本照嵩
大島洋　山田修二　石川武志　森山大道　宮内勝　岡本央　石井義治

〔漫画〕
赤塚不二夫　永島慎二　高信太郎　＊上村一夫　滝田ゆう　石井隆　秋竜山　長谷邦

夫　長谷川法世　サトウサンペイ　富永一朗

〔音楽〕

秋山邦晴　相倉久人　一柳慧　高橋悠治　林光　武満徹　松村禎三　飯田裕　小室等

浅川マキ　葛城ユキ　三上寛　友川かずき　石塚俊明　石井真木　都はるみ　志村泉

内田裕也　J・A・シーザー　上地昇　菊池雅志　永畑雅人　あがた森魚　鮫島有美子　流しのジロちゃん　マレンコフ　ライナー・モーク　ヴォルフガング・ナイニンガー　久保田匠　天満敦子

〔美術〕

松沢宥　赤瀬川原平　ヨシダヨシエ　藤沢典明　中原佑介　池田龍雄　ヒグマ春夫

中西夏之　刀根康尚　秋山祐徳太子　谷川晃一　黒田征太郎　合田佐和子　立花尚之介　池田満寿夫　荒川修作　岡本太郎　＊大森忠行　粟津潔　日向あき子　戸村浩

飯村隆彦　篠原勝之　司修　田中ルミ　四谷シモン　針生一郎　岡田隆彦　木村恒久

斎藤真一　石崎浩一郎　瀬木慎一　辻清明　太田大八　藪内正幸

〔歌人・俳人〕

岡井隆　福島泰樹　佐佐木幸綱　馬場あき子　小中英之　山中智恵子　三枝昂之　西野妙子　伊藤一彦　村木道彦　道浦母都子　伊東聖子　三橋敏雄　斎藤慎爾　藤田湘子　角川春樹　小宅容義　鈴木六林男　宗田安正　河野裕子　永田和宏　黒田杏子　金子千鶴子　石川不二子　相澤啓三　池田ひろみ　三枝浩樹　大森明彦　阿木津英　石田比呂志

〔学者〕

宮坂宥勝　山口昌男　今村仁司　広末保　前田耕作　＊中村能三　鼓直　工藤幸雄　池内紀　川村二郎　橋川文三　蓮實重彦　網野善彦　中野三敏　塚本学　江川卓　原卓也　白井健三郎　藤田省三　丸山照雄　佐々木斐夫　栗本慎一郎　平井正　中村雄二郎　高橋康也　由水常雄　松浪信三郎　水野忠夫　飯倉照平　西江雅之　川副国基　前田愛　秋山ちえ子　岸田秀　中本信幸　土屋恵一郎　相良守峯　佐々木高次　宮川寅雄　阿部謹也　小木貞孝　樺山紘一　稲田三吉　渡辺守章　木村浩　草鹿外吉　黒田辰男　桑野隆　新谷敬三郎　日野龍夫　＊小野二郎　ロバート・キャンベル　勝俣鎮夫　堀尾輝久

〔評論家〕
松本健一　三浦雅士　奥野健男　柄谷行人　秋山駿　いいだもも　立石伯　宮内豊　田原総一朗　立花隆　岡庭昇　栗田勇　松田修　本田靖春　竹中労　嵐山光三郎　内村剛介　上野昂志　出口裕弘　種村季弘　川本三郎　松山俊太郎　丸山邦男　猪野健治　鎌田慧　茶本繁正　＊山崎昌夫　久保覚　絓秀実　篠田一士　月村敏行　梶木剛　高橋徹　浦達也　筑紫哲也　粟津則雄　小笠原賢二　村上護　太田竜　秋山駿　入江隆則　森川達也　饗庭孝男　松原新一　磯田光一　谷川健一　竹田青嗣　加藤典洋　小林広一　菅野昭正　片桐ユズル　栗坪良樹　中島誠　遠丸立　小林恭二　関川夏央　笠原伸夫　平岡正明　玉城素　山崎カヲル　関廣野　吉本隆明　山本容朗　桶谷秀昭　高橋康雄　玉川信明　村田栄一　野崎六助　鈴木貞美　菊田均　川西政明　高橋英夫　井家上隆幸　波多野哲朗　粉川哲夫　高野庸一　高橋敏夫　保坂正康　富岡幸一郎　岩佐壮四郎　川村湊

〔〝全共闘〟世代の人々〕
猪瀬直樹　糸井重里　岡留安則　笠井潔　亀和田武　田家秀樹　田村光昭　生江有二

橋本治　森永博志　三橋俊明　北方謙三　山本コウタロー　平野悠　牧田吉明　橋本克彦　秋田明大　田村正敏　北川明　藤本敏夫　風間杜夫　田村研平　明石賢生　加納明弘　木幡和枝　三上治　岩淵英樹　久保田昇　植松延幸　静間順二　中村幸月彦由常宏

〔詩人〕

谷川雁　白石かずこ　大岡信　矢川澄子　渋沢孝輔　北川透　秋山清　田村隆一　鮎川信夫　菅原克己　ねじめ正一　長谷川龍生　吉原幸子　鈴木志郎康　清水昶　平出隆　正津勉　三木卓　清岡卓行　佐々木幹郎　加藤郁乎　吉増剛造　関根弘　藤井貞和　阿部岩夫　伊藤比呂美　松永伍一　粕谷栄市　郷原宏　清水哲男　吉田文憲　谷川俊太郎　八木忠栄　安田有　諏訪優　飯島耕一　吉岡実　吉行理恵　木島始　小海永二　安藤元雄　北村太郎　荒川洋治　中村稔　入沢康夫　岩田宏　高橋睦郎

［注］ここに書き出してある各業界の人名録であるが、すでに十七年前の名簿である。ここに記した三分の一の方は鬼籍に入ってしまっている。当時でさえ、不十分であった誹《そし》りもあった。しかし、それは、それで、まぁ……というわけで、さて今回は

どうしようものかと迷ったが、結果、記録としてそのまま残すことにした。そして、さらに以後十七年間のゴールデン街に出入りした著名人になると——たとえば、在日として生まれた女流作家で芥川賞受賞の李良枝、昨年、名誉棄損と表現の自由の問題で裁判沙汰で話題をよんだ『石に泳ぐ魚』の柳美里、『終りなき始まり』の梁石日《ヤンソギル》など、わたしの知り合いに限ってみただけでも百人以上の人名になる。ゴールデン街の雰囲気を少しでも理解して貰うためにも、歴史として、たとえ名前だけにしても記録に残して置きたいという著者の気持ちからすれば絶対に必要な項目であり作業である。しかし、人名録だけでも十数ページの紙数を割くことがわかり、潔く省くことにした。

第七章　歌謡曲からみた新宿

「東京行進曲」

「新宿」という地名が歌謡曲史の世界に初めて現われるのは、西条八十作詞、中山晋平作曲の「東京行進曲」が最初で、歌手は佐藤千夜子《ちやこ》であった。一九二九（昭和四）年、ドイツ飛行船ツェッペリン伯号が霞ヶ浦に着いた年である。西条八十は、「東京行進曲」の意図は〝東京のいわゆるモダニズム風景の戯画《カリカチュア》を謡《うた》で書いてやろう〟ということであったという。じじつ、西条八十の意図は当たり、昭和のレコード歌謡の隆盛の第一番の立て役者となった。

昭和四年という時代は『日本流行歌史』（社会思想社刊）によると、世相の底流には不況の暗雲が澱《よど》んでいたにもかかわらず、表面は平穏であった。大正時代のミルクホールは一変して、白いエプロン、耳かくしの女給が出現し、カフェーの全盛時代を招き、一九三一（昭和六）年には「女給の唄」が氾濫《はんらん》する一方、失業者の群れが路上にあふれ、「ルンペン節」が流れた。銀座や大阪心斎橋ではダンスホールが繁盛し、モボ（モダンボーイ）・モガ（モダンガール）がシングルカットという断髪や派手な背広などをまとって、時代の尖端を行くスタイルで腕を組んで歩き、人々の目をみはらせた。これらの若者たちの風俗をモガ・モボと名付けたのは、評論家の新居格《にいいたる》であった。「東京行進曲」がつくられたのはそんな時代であった。

西条八十は、早稲田大学のフランス文学科で学生にランボーなどを講じ、あるいは翻訳などの仕事をしている。そして、一方では「東京行進曲」などという歌謡曲の作詞などもして、当時のフランス文学界からは非常に冷たい目でみられていたらしい。

では、「東京行進曲」とはどのような曲であったのか。

一
昔恋しい　銀座の柳
仇な年増を　誰が知ろ
ジャズで踊って　リキュールで更けて
明けりゃダンサーの　涙雨

二
恋の丸ビル　あの窓あたり
泣いて文書く　人もある
ラッシュアワーに　拾ったバラを

せめてあの娘の　想い出に

三
広い東京　恋ゆえせまい
いきな浅草　忍び逢い
あなた地下鉄　私はバスよ
恋のストップ　ままならぬ

四
シネマ見ましょか　お茶のみましょか
いっそ小田急で　逃げましょか
変る新宿　あの武蔵野の
月もデパートの　屋根に出る

（西条八十作詞・中山晋平作曲「東京行進曲」）

なるほど、こうも軽やかにハイカラなタッチで東京の風俗を描かれたのでは、ヨーロッパの本家本元のモダンをきどっていた野暮天フランス文学者の目に、西条八十がなにかとうさん臭く、インチキ猿回しの「ランボー」にしか映らなかったのも無理からぬことである。

それはさておき、ここで注意しておきたいことは、昭和四年という時点で「銀座の柳」が、すでに「昔恋しい」ものと化していることである。そして、いまや「帝劇」にとってかわって「浅草」が「いきな」イメージになっていることである。

——それでは、このような「東京行進曲」がうまれてくる背景は、いったいどんなものであったのか。

ここで気になるのは、「新宿」はもちろんのことであるが、「銀座」や「浅草」のイメージの使われ方の推移である。だが、そのまえに、「銀座」「浅草」「新宿」といったもの全部をひっくるめて「東京」というとき、いったいいつごろから「東京」が歌謡曲の世界に登場してくるのだろうか。

慶応四年（明治元年）に江戸城が無血開城したあと、七月十七日に「江戸」は「東京」（とうきょう）という公称に改められた。が、それは、あくまでもタテマエとしての「東京」であった。「東京」は初め「とうけい」と呼ばれていた。下町の江戸情緒を多分に残している庶民のあいだから「とうきょう」と呼ばれるのは、明治も三十年代以降のことである。

明治から大正にかけて作られた二百曲ばかりにざあっと目を通してみると、「東京」と名のつく歌謡曲の登場は、大正八年の「東京節」(パイノパイ)が最初のようである。明治からかぞえて足かけ五十二年——歌謡曲の世界にかぎっていえば、どうやら〝東京という明治新政〟は、たとえ明治天皇をいただいたにしても、ついに路地裏の大衆からは受け入れられなかったようである。いいかえれば、大正八年にやっと「東京」が市民権をえたことになる。

しかし、「東京節」が出現したといっても、それは掛け値なしの「東京」賛歌ではなかった。江戸庶民の側からの時世、時局に対する諷刺《ふうし》や皮肉のまじった一種の東京風物詩であった。

東京の中枢は丸の内
日比谷公園両議院
いきな構えの帝劇に
いかめし館《やかた》は警視庁

諸官庁ズラリ馬場先門
海上ビルディング東京駅

（中略）

東京で繁華な浅草は
雷門　仲見世　浅草寺
……
活動　十二階　花屋敷

（中略）

東京にも裏には裏がある
鳥も通わぬ島というが
おてんとさまも影見せぬ
暗くて臭くて穴のよな

犬の小屋かと思ったら
どういたしまして人間が
住んでおります生きてます

こうしてうたわれた「東京節」は、節をジョージア・マーチに借り、意味のわからぬ奇妙な囃子《はやし》言葉の面白さとあいまって全国的に広がったという。作者は添田唖蟬坊《そえだあぜんぼう》の息子、さつきである。

そして、つぎに「東京」がうたわれるのは、関東大震災をはさんで大正も終わった、昭和四年の「東京行進曲」である。「東京節」から約十年、明治維新から数えるとなんと六十一年も経過していることになる。しかも、「東京」が歌謡曲の世界において絶対的な市民権を得るためには、さらに四年後の「東京音頭」の出現までまたねばならなかった。西条八十作詞、中山晋平作曲で、歌手は新潟出身の小唄勝太郎《こうたかつたろう》であった。

小唄勝太郎は、東京・葭町《よしちょう》の芸妓だが、勝太郎の吹きこんだ「島の娘」の売れゆきは半年で五十万枚に達したという。当時の状況からみると、これはものすごい出来事である。彼女は実力でもって、レコード歌手の存在を否が応でも世に認めさせた。

歌手の地位を歌舞伎役者や映画スターなみへと引き上げた最初の人である。「島の娘」が爆発的に売れて、スターの座を確保したばかりの勝太郎に、こんどは「東京音頭」が舞い込んだのである。こうして「東京音頭」が発売され、東京市内各所では老いも若きも一緒になってヤグラの下で輪になって踊る、いわゆる盆踊りが流行した。「東京音頭」は盆踊りに使われることによって、全国的に広がることになる。「東京音頭」は〽ハアーで始まるから、これら〽ハアーで始まる歌を〈ハー小唄〉といっておおはやりであった。

ところで、下町の庶民が、諷刺や皮肉でもって時世に対するようになったのは、なにも明治になってからのことではない。その精神は、徳川三百年の間に培われたものである。

——徳川はずっと長い繁栄だったけど、江戸の町人がその繁栄の下にじっとしていられたと思うかって。そこにあったものはなにか。路地に行き渡っているものがあるんだ。それは反抗からくる美学であり、また、反抗からくる別な生きる道であり、そういうものがいろいろあった、と生前の幸田露伴がいっていた——と、幸田文はいう。

江戸町人の皮肉・諷刺——総じて反抗といった気質は、一種の美学にまで高められて生活の隅々まで行き渡っていた。であればこそ、反抗からくる別な生きる道も考えられたのであろう。俗に徳川三百年というが、三百年かかって培った江戸町人の気質あるいは「文化」の壁は、とうてい明治政府の力の及ぶところではなかった。三百年かかって築いたものを五、六十年で潰《つぶ》そうとすれば無理が生ずるのはいたし方のないことである。

関東大震災の意味

吉原の浄閑寺《じょうかんじ》に永井荷風の「詩碑」があり、そこにはつぎのような詩文が刻まれている。

今の世のわかき人々
われにな問ひそ今の世と
また来る時代の芸術を。
われは明治の児ならずや
その文化歴史となりて葬られし時

わが青春の夢もまた消えにけり。
団菊はしをれて桜癡は散りにき。
一葉落ちて紅葉は枯れ
緑雨の声も亦絶えたりき。
円朝も去れり紫蝶も去れり。
わが感激の泉とくに枯れたり。
われは明治の児なりけり。
或年大地俄にゆらめき
火は都を燬《や》きぬ。
柳村先生既になく
鷗外漁史も亦姿をかくしぬ。
江戸文化の名残烟《けむり》となりぬ。
明治の文化また灰となりぬ。
今の世のわかき人々
我にな語りそ今の世と
また来む時代の芸術を。

くもりし眼鏡ふくとても
われ今何をか見得べき。
われは明治の児ならずや
去りし明治の世の児ならずや

これは、「震災」と題した詩であるが、ここで「震災」というのは、大正十二年九月一日のあの関東大震災のことである。この震災で、江戸はもとより、明治、大正とつづいた文化は一夜にして灰に帰してしまった。とくに、江戸下町の路地裏の有形無形の民衆文化は、吉原の遊廓をもふくめて、一瞬の揺れによってガタガタと崩れ落ち、ただの瓦礫《がれき》と化してしまった。

「震災」の被害は関東全域に広がったという。記録によると、死者は約九万九千三百人、行方不明四万三千五百人、家屋全壊十二万八千二百戸、半壊十二万六千二百戸、そして焼失がなんと四十四万七千百戸。震源地は相模湾の海底で、地震の規模はマグニチュード七・九であったという。

まさに、

江戸文化の名残烟となりぬ。
明治の文化また灰となりぬ。

であった——。

かつて、江戸は単に政治都市であるだけではなく、庶民的な消費都市でもあった。天下のふきだまりであった江戸における流行は、すでに元禄期にあって、文化は高きより低きに流れるという法則に反して、川添登のいう「流行の下剋上」であって、下からの流れであり、文字どおり庶民的な流行であった。したがって、江戸下町の路地裏の人々でさえも、その生活の一コマ一コマが血肉と化しており、いわゆる「文化」を身につけてしまっていたのだ。だから江戸の下町っ子は、明治新政府に対して、つねに、「この田舎侍が！」といって馬鹿にしていたという……。

——ところが大地がにわかに揺れ動き、立ちのぼった火は見事に江戸の都を燬きつくしてしまった。それまで「東京」は、いわば国家公認の「よそ者」で「成りあがり者」であったから、「江戸」からは闖入者《ちんにゅうしゃ》の扱いしか受けなかった。しかし、先祖代々つづいた都は灰と化した。かつては、「江戸ッ子」という一語に多大な誇りを感じとっていた一文無しのものでさえ、いまや、誇るべき「巨大な故郷」をなくしてしまった、という。

だが、すでに明治四十四年四月九日の「吉原大火」で、大正に移る直前に、江戸伝来の吉原の文化的残照は消滅してしまっていた――と吉原の「廓」に生まれ育った『大正・吉原私記』の作者、波木井皓三《はきいこうぞう》はいう。そして吉原は大火以後、「大正デモクラシーの激しい社会的風潮で変質してしまい、『廓《くるわ》』の江戸伝来の風習も、震災で再度にわたって灰燼に帰してしまったと言える。それでもなお、震災までの十二年間の大正期は、まだ江戸・明治の残んの薫風が、ハイカラ趣味に包まれながらも、まだ微かにただよっていた。それさえも無残に、震災は奪い去った。それ以後の『大正の吉原』は、僅かに三年間、『大正の吉原』の残骸でしかなく、あわただしく昭和の世代へと転換して行った」という。

こうして、永井荷風などの嘆きをよそに、江戸名残りの人々は、震災を境にしてなかば強制的に「東京」を「江戸」としてではなく、初めて文字どおり「東京」を「東京」として、つまり東京人としての生活を強いられることになる。

このようにして、関東大震災は、江戸のもつ村落共同体という巨大な組織の「ムラ」社会をことごとく破壊しつくしてしまった。だが同時に、「江戸」という旧社会から「東京」を脱出させもしたのである。

それでも、真に「東京」が日本の首都「東京」になるためには、昭和二十年、三月十日の東京大空襲を経て八月十五日を待たねばならなかったのだが。

赤い新宿

さきにもふれたように「新宿」が歌謡曲史に初めて登場するのは「東京行進曲」の第四節、

シネマ見ましょか　お茶のみましょか
いっそ小田急で　逃げましょか
変る新宿　あの武蔵野の
月もデパートの　屋根に出る

においてである。

いまここで、少しばかりこの歌にたち入ってみると、「シネマ見ましょか」というのは、大正九年に営業を開始していた映画館「武蔵野館」である。そして「お茶のみましょか」というのは、「武蔵野館」近くにあった喫茶「フランス屋敷」「エルテル」

「武蔵野茶廊」「フォルム」「バルザック」等といった店である。「エルテル」などは石川達三の第一回芥川賞受賞作『蒼氓』の祝いの集まりの場所でもあった。小田急線は昭和二年に開通していた。したがって、「小田急」を利用して駆け落ちすることもできたわけである――。

関東大震災以降の東京は一変した。ことに震災を免れたかつての武蔵野の原っぱの新宿の変貌はすさまじかった。そんな東京の風景を銀座、浅草、新宿と順ぐりに佐藤千夜子が歌ってゆくのであるが、どうも西条八十のこの歌の狙いは、銀座や浅草ではなく、新宿にあったように思われる。

いま流布している「シネマ見ましょか」と「いっそ小田急で」の二行は、原詞では

――

長い髪して　マルクス・ボーイ
今日も抱える　赤い恋

となっていた。

しかも、つぎの「変る新宿」は、原詞では「プロの新宿」であった（『世界音楽全

集』堀内敬三、町田嘉章編・昭和六年による）というのである。つまり、プロレタリアートの集まる新宿——という意味である。

作詞家の西沢爽《そう》によると——当時は、ルパシカというロシアの上衣に、長い髪をなびかせて、まことに深刻そうな表情をした青年たちが、ソ連の女流作家アレキサンドラ・コロンタイの小説『赤い恋』の翻訳本を小脇にかかえて街をさまよっていたという……。

コロンタイ（一八七二—一九五二）は、第一次世界大戦中にボリシェビキに参加。ソビエト政権が樹立されるや、党中央委員婦人部長やスウェーデン大使などをつとめたが、女性の性の自由な解放こそ人間としての女性の真の復活であるという理論を強く主張していた。

この『赤い恋』の宣伝文句にはこうある。

「共産主義は禁慾をもたらすべきでなく、むしろ生活の歓喜と、満たされたる恋愛生活によって生活の力とを、もたらすべきだ。——レーニン。

共産主義は性愛の自由を奨励するか？　結婚制度、一夫一婦、性道徳、家庭生活を破壊したか？　コンミュニスト恋愛とはどんなものか？　これらの諸問題に解答を与へた共産主義的恋愛解放小説だ！　恋愛理論の新しい教科書だ!!　有名な赤露の美人大使コロンタイ夫人の放胆な肉慾小説‼　松尾四郎・訳　世界社」

この小説は、西条八十が「今日も抱える赤い恋」と書いたころ、すでに三十七版に及び（昭和二年、初版）昭和五年には八十版に及ぶ大ベストセラー小説で、当時の青年たちに新しい恋愛論として多大な影響を与えたのである。

このように、新宿には当時、長い髪したマルクス・ボーイがうようよしていたのである。

——たしかに新宿にはその基盤があった。大正十二年九月十六日にはアナーキズムの指導的理論家、大杉栄と妻伊藤野枝、それに六歳になる甥《おい》の橘宗一の三人が憲兵大尉甘粕正彦《あまかすまさひこ》の手によって拉致され、東京憲兵隊本部で扼殺《やくさつ》された、いわゆる大杉事件がすでにおきていた。昭和四年には、小林多喜二の『蟹工船』を掲載した『戦旗』がすでに発売禁止になっている。昭和四年四月十六日には全国的に共産党員が検挙されて、市川正一《しょういち》、鍋山貞親《なべやまさだちか》らも検挙され、党組織は潰滅的打撃をうけた。しばらくすれば、昭和八年二月には、筋金入りのプロレタリア作家小林多喜二が街頭連絡中に検挙されて、築地警察署で拷問のすえに虐殺されるだろう。そんなさしせまったときに、

長い髪して マルクス・ボーイ
今日も抱える 赤い恋

という歌詞で発売することはできるはずもなかった。そこで共産党の弾圧と検挙に狂奔していた当局をあまり刺激挑発しないようにという、当時のビクターの文芸部長・岡庄五のはからいで「シネマ見ましょか お茶のみましょか／いっそ小田急で逃げましょか」という、いま流布している歌詞に西条八十が替えたという。「東京行進曲」は最初からそんないわくつきの歌であった。また歌謡曲の世界で、銀座や浅草ではなく――ほかでもない、「新宿」が「東京」の視野のなかに入ってくるのも、このような時局を反映してのことであった。

西条八十の嘆き

昭和八年には、第一回東京祭りが開催されることになった。そこで、読売新聞社が「東京祭」の歌詞を一般から募集して、門田ゆたかの詞が当選。古賀政男が曲をつけて「東京祭」は世に出た。

あだし仇波　タクシイの波が
寄せて返して　新宿暮れる
昏《く》れてなまめく　酒場の灯り
大学《カレッジ》ボーイの　おけさ節

（門田ゆたか作詞・古賀政男作曲「東京祭」）


というのが「東京祭」の歌詞であった。

「新宿」は出発の当初からして新興の町にふさわしく、エネルギッシュで、それでいて猥雑でいかがわしいバイタリティといった不思議な力をもっていた。その点では、昭和六十一年の現在でも基本的には変わりはない。

たとえば、雑誌『ブルータス』が新宿・歌舞伎町をミニ特集したとき、「歌舞伎町は傾《かぶ》く」とかいって、つぎのような解説をしている。

「歌舞伎町が傾（かたむ）くのではないから、念のため。傾（かぶ）くには、歌舞伎をやるという意味の他に、好色である、放縦なことをやる、といった意味がある。どうです、名は体を表わすとはこのことで、新宿・歌舞伎町は見事にカブく街となって世界に光を放っているのである。なにをどういじりまわしたところで、ペンペン草からカブいたのだから止らない」

いかにも、「新宿」の原点ともいうべきペンペン草のもつ雑草の力を言い表わしている。

夜更けにひととき寄せて
なまめく新宿駅の
彼女はダンサーか　ダンサーか
気にかかる　あの指輪
（門田ゆたか作詞・古賀政男作曲「東京ラプソディー」）

これは昭和十一年に発売された門田ゆたか作詞・古賀政男作曲「東京ラプソディー」の第四節である。

このあと、戦前の歌謡曲の世界に「新宿」が登場するのは、淡谷のり子の吹き込みで昭和十四年八月に発売された、西条八十作詞・服部良一作曲の「東京ブルース」である。おなじ西条八十作詞の「東京行進曲」からちょうど十年が経過している。この間の時世の移り変わりはきびしかった。

有名な——あるいは、悪名高い「大本営」がある。日中戦争の勃発でいよいよ中国大陸における戦火が広がってゆくにつれて、日本国内の様相も日一日ときびしく変化していった。一九三七年（昭和十二年）十一月二十日、まず首都東京に「大本営」が設置された。これは天皇に直属する戦争指導者の大本陣ともいうべき重大な機関で、日露戦争以来三十三年振りに、いよいよ戦争に対して、戦争指導者が公式に日中戦争に本腰を入れて構えたことを示したものである。

歌謡曲の世界もきびしかった。「東京ブルース」は、このような時代の趨勢のなかにあって生まれたのであり、それは——同時にそのような時流に対する西条八十の嘆きでもあった。

昔恋しい　武蔵野の
月はいずこぞ　映画街
ああ　青い灯　赤い灯
フィルムは歌うよ
更けゆく新宿　小田急の窓で

君がわかれに　投げる花

（西条八十作詞・服部良一作曲「東京ブルース」）

これは「東京ブルース」の第四節であるが、たとえば、「東京行進曲」の第四節では、

変る新宿　あの武蔵野の
月もデパートの　屋根に出る

と、これからの日本を背負うマルクス・ボーイたちのたむろする新宿の街に対して、西条八十は明るいイメージをもって称えていた。

だが、十年という歳月は無残にも新しい若い芽を——新しい都市「新宿」の夢を——踏みにじってしまう。そんな嘆きを西条八十は「東京ブルース」で表現したかったのであろう。嘆きといえば、もうひとつあった。それは「東京ブルース」の第二節五行目は最初は「愛の航海」であったのが、検閲で「楽しい航路《ふなじ》」に変更されてしまったのである。

十年前に「長い髪して　マルクス・ボーイ……」が「シネマ見ましょか……」と変えられたように、こんどは、「二人で夢みる　愛の航海」が、「楽しい航路」に変えられたのである。

おもえば——かつて新宿には、「月」もニッコリとデパートの屋根の上に出たこともあるのである。そんな新宿はもはやない。あるのは、ただ、

昔恋しい　武蔵野の
月はいずこぞ　映画街

である。

すでに新宿の原点ともいうべきマルクス・ボーイのイメージ、あるいは新しい時代の「愛」のイメージといったものは、権力によって、ことごとく押し潰されてしまった。そして新宿の「月」というシンボルは「東京ブルース」を最後に、歌謡曲史からほぼ消えることになる。

だが、新宿は、昭和二十年八月十五日の敗戦を期して新たに力づよく甦ることになる……。「光は新宿より」——である。

歌を忘れた新宿

「光は新宿より」などと、大風呂敷を広げたものの、ここまで書いてきて、ハタとこまってしまった。

というのは、じつは、戦後になって「新宿」を主な舞台としてうたわれる歌謡曲は、昭和四十二年まで一曲もないのだ。「新宿」はすっかり歌を忘れたカナリヤそのものになってしまったのである。歌を忘れた新宿――。

「歌謡曲からみた新宿」などといって、それを謳い文句にしてきたが、じつに、気恥かしくなるほど新宿には歌がない。それでは「地名」としても歌いこめられてもいないのか――といわれれば、あるにはある。たとえば、

さて　東京名物は
おなじみ
チャルメラ娘
新宿　浅草　上野　新橋
ガラ　ガラ　流すよ

屋台のチャルメラそば屋でござる
（奥山靉・ボビー・ノートン作詞／ボビー・ノートン作曲「チャルメラそば屋」）

というのである。これは、昭和二十八年六月に当時十六歳の美空ひばりが吹き込んだ「チャルメラそば屋」という歌の一部分である。

昭和二十三年の「東京の屋根の下」では、「新宿は夜のタンゴ……」とあり、ずうっとんで昭和三十一年の「東京の人」では、「君は新宿僕は浅草……」と、「チャルメラそば屋」とあわせてたったの三曲で歌われるだけである。二十二年の間にたったの三曲である。そしてこれらの歌では、いずれも「新宿」はただの「地名」として歌い込まれているにすぎない。これは、いわば、通りすがりの歌である。

——こうして、新宿がふたたび歌謡曲の世界に登場するのは、昭和四十二年の「新宿ブルース」まで待たなければならなかった。

恋に切なく　降る雨も
ひとりぽっちにゃ　つれないの
夜の新宿　こぼれ花

涙かんでも　泣きはせぬ

（滝口暉子作詞・和田香苗作曲「新宿ブルース」）

というのであるが、歌手が扇ひろ子であったという、ただそれだけのことで、「新宿ブルース」はなんの変哲もない、ひたすら馬鹿馬鹿しいとしかいいようのない流行歌である。新宿独特の流行とか風俗とかいったものは、一行も歌い込まれてはいない。作詞家は――たぶん、新宿のもつ潜在的な力を想像する知恵がなかったのであろう。

ところで、昭和四十二年といえば、新宿はすでに新しい顔を持ち始めていた。「長い髪したマルクス・ボーイ」はいうにおよばず、アメリカのヒッピーが喫茶店「風月堂」にたむろしていた。やがて和製ヒッピー、フーテンなる人種が登場してくる。と同時に寺山修司、唐十郎らの率いるアングラ劇団が、新宿〈アートセンター〉や花園神社を拠点に活動を開始している。

そして、一方では、全共闘の活動家やべ平連のフォーク・ゲリラも新宿西口広場に集まってくる。米空母イントレピッドから脱走した水兵が「風月堂」でべ平連にかくまわれ、翌年には唐十郎率いる状況劇場（紅テント）が花園神社から強制退去させられるという事件――。とにかく新宿は無秩序に、騒然としていた。

そして、この騒然とした無秩序を支えていたのは――ほかでもない、地方出身者やフーテン、家出した若者たちの底抜けの明るさであった。このときの新宿は、道を行く乞食の顔にも自信がうかがえた。とにかく、みんながイイ顔をしていた。

ところで、そんな若者たちの溜り場がジャズ喫茶であった。名前をあげれば、「木馬」「キーヨ」「汀」「ヴィレッジ・ゲート」「アカシア」「DIG」「ジャズ・ヴィレッジ」「ジャズ・コーナー」「ピテカントロプス」「びざーる」「ヴィレッジ・バンガード」……等々であった。

とはいえ、新宿のもつ底抜けの無秩序な明るさには限界があった。――たしかに新宿は、樺《かんば》美智子の無惨な死を抱えた六〇年安保闘争直後には、挫折に打ちひしがれた若者たちの一ときの憩《いこ》いの場であり、絶望と欺瞞に怒れる若者の飢餓をいやすオアシスとなった。そして、「赤い新宿」の伝統を受け継いで、新しい時代の旗手を育てる場となり、七〇年安保の激烈な闘いに向けてたち上がろうとする戦士たちの牙城《がじょう》ともなった。戦後日本のあらゆる価値体系を否定するラディカリズムは、確実に時代を変える予感があった。

ベトナムで人民は毎日虐殺され、それに加担している日本政府。そして日本を基地としてベトナム爆撃を繰り返すアメリカを許容する大人たち。そういった大人たち、学問、教授らに対する「ノン！」の闘いであった。

何をエラそうにしゃべっても、ベトナム人民に対してなんらの支援もできないことへの苛立ちを権力、体制に向けてぶっつけた。東映のヤクザ映画ではないが、好きな女性や親の制止を振り切って戦場に向かう心意気と悲壮な決意があった。活動家たちはもとより、デモ参加の学生たちも歌った。「何から何まで、真暗闇よ」——と。

昭和四十三年の第十九回駒場祭は、ちょっとしたイベントであった。

とめてくれるなおっかさん
背中のいちょうが泣いている
男東大どこへ行く

という文句つきのイラスト・ポスターが、新宿のスナックにまで貼り出されたのである。それは、ヤクザ映画とさほど違わないセンスであった。

『緋牡丹博徒』を第一作とし、以後『一宿一飯』『花札勝負』『二代目襲名』『鉄火場列伝』『お竜参上』『お命戴きます』『仁義通します』――と続く一連の東映ヤクザ映画があった。藤純子《ふじじゅんこ》扮する「緋牡丹のお竜」は、とくに学生に圧倒的な人気があった。

女ヤクザ矢野竜子――人呼んで「緋牡丹のお竜」は、女ながらにして〝義理〟と〝人情〟にあつく、ヤクザ渡世の〝掟〟を命を張って守りぬくという人柄に描かれ、また女としての未練をじっと耐える――というところにも人気の秘密があった。「緋牡丹博徒」を引用すると、

娘盛りを　渡世にかけて
張った体に　緋牡丹燃える
女の　女の　女の意気地
旅の夜空に　恋も散る
鉄火意気地も　所詮は女
濡れた黒髪　緋牡丹ゆれる
女の　女の　女の未練

更けて夜空に　星も散る
男衣裳に　飾っていても
さしたかんざし　緋牡丹化粧
女の　女の　女の運命《さだめ》
捨てた夜空に　一人行く

（渡辺岳夫作詞・作曲「緋牡丹博徒」）

すでに「古い奴だとお思いでしょうが……」という任侠映画で気を吐く鶴田浩二のセリフとともに、新宿に集まってくる若者のあいだでは「傷だらけの人生」が始まっていたのである。それは、また同時に、新宿という激動の青春の終わりの予感でもあった。

「命預けます」

――こうして、ようやく、新宿の無秩序な明るさにもかげりがみえてくる。〝新宿演歌〟としての「新宿の女」の登場である……。

私が男に　なれたなら
私は女を　捨てないわ
ネオングらしの　蝶々には
やさしい言葉が　しみたのよ
バカだな　バカだな　だまされちゃって
夜が冷たい　新宿の女

（石坂まさを、みずの稔作詞・石坂まさを作曲「新宿の女」）

この歌は彗星のように現われて消えていった歌手、藤圭子が歌った。藤圭子は怨念ともいうべき心情でこの歌をうたっている。つまり、この歌は——怨歌なのである。そして、翌年、藤圭子は「命預けます」という、いわば〝全共闘演歌〟ともいうべき歌をうたう。

命預けます
流れ流れて　東京は

夜の新宿　花園で
やっと開いた　花一つ
こんな女で　よかったら
命預けます

（石坂まさを作詞・作曲「命預けます」）

というのである。この歌は不思議なほどに全共闘世代にうけた。たぶんそれは、〽命預けます……と唸《うな》る藤圭子の歌う心意気と悲壮な決意が、無意識のうちに活動家の心情と合致したのであろうか。この歌は「古い奴だとお思いでしょうが」という鶴田浩二のセリフにも非常によくマッチした。

一九七〇年十月二十三日、渋谷公会堂において藤圭子のデビュー一周年記念リサイタルが開かれた。そのときの曲目にはつぎのような唄が選ばれている。高倉健の持ち唄「網走番外地」「唐獅子牡丹」、西田佐知子の「アカシアの雨がやむとき」、藤圭子の持ち唄「命預けます」であった。

これらの曲目は、「新宿の女」と同様に、藤圭子の怨念ともいうべき心情でもって歌われている。いわば、怨み節であった。

そして、これらヨナ抜きド演歌は、村落共同体的性格をもつ人々の感受性にとても心地よく訴えかけた。このことは、全共闘運動を熱狂を通して生きてきたのが――ほかならぬ、地方出身者だったことにも重なる。

ここで、全共闘運動が「村落共同体的性格」をもろにかかえ込んでいた――とは、あえていわないにしても、歌謡曲にあらわれた心情に関するかぎりは、ヤクザの血の再生であったことには間違いない。磯田光一のひそみにならっていえば、全共闘の〝連帯〟の思想は、都会の風にさらされた地方青年たちが、自ら選ばざるをえなかった〝ムラ〟の思想の再生であった。

「〝方言〟を切り捨てた分量だけイデオロギーは尖鋭化し、しかも同時に切り捨てたはずの〝方言〟の領域が、イデオロギーを生きる情熱の領域に侵入していった」（『思想としての東京』）のである。

こうして、歌謡曲からみた新宿に関するかぎり「長い髪したマルクス・ボーイ」のたむろする「新宿」こそ――まさに、「東京」に吸収された日本のもうひとつの〝ムラ〟社会であった。

過剰なほどのセンチメンタルな心情と、あまりにもパセティックな思い入れゆえに――高倉健のうたう一連の〝演歌〟やとくに藤圭子の「命預けます」を、〝全共闘演歌〟とあえて呼んだゆえんである。

こうして、運動に疲れた若者たちは、旧青線（売春）地帯の新宿ゴールデン街の路地裏へとその足を向け始めた。ここですでに、新宿ゴールデン街の「ブーム」を呼ぶ基盤ができあがったのである。

——だが、その場所は初めから日本の〝ムラ〟の吹き溜りであったのだが……。

おわりに

「曲り角、曲り角、そこをまがって突き当って、若い人生を終ろうとした道、そうした道も、私の歩いた東京地図にある」

これは佐多稲子の『私の東京地図』の一節だが、考えてみれば、わたし自身ゴールデン街で呑み始めてからまる二十年になり、呑み屋を始めてはや十五年が経過しようとしている。その間、わたしにもいろんな意味での「曲り角」があった。

思えば、店を経営してきた十五年の間には、北海道出身者から沖縄出身者まで、それに、世界中のたくさんの人々に接してきたが、どうかすると客というよりはむしろ友人といったほうがいい関係も生まれた。そして、そのような友人知人のなかには、すでに物故してしまった人が少なくない。

たとえば、そのなかには――演劇評論家の小苅米晛《こがりまいけん》や社会新報記者の山崎昌夫がいる。

かつて、文化人類学者の山口昌男は小苅米晛の遺著となった『図像のフォークロア』の序文で、つぎのように述べている。少々長いが引用させて頂く——

小苅米晛氏が我々を残して、蒼惶《そうこう》としてこの世を去ってからはや二年になる。想うにこの二年私達の世代は随分多くの友人を失った。演劇関係だけでも、精力的な読み手であり、いつも控え目な微笑を浮かべていた山崎昌夫氏、電話で一度お話ししただけで、お会いしようと言っているうちに鬼籍に入ったポピュラー文化の慧眼な発見者石子《いしこ》順造氏、私達と殆んど同じ空気を呼吸しながら知的形成を遂げて来た感のあった元「海」編集長塙《はなわ》嘉彦氏など惜しみて余りある人を我々は次々に喪って来た。そして今、つい先週私達は同時のダイナミックな視野の持ち主で果敢な行動家であった英文学者小野二郎氏を突如として奪われて来た。現在四十五から五十五才の間にある、少年期を第二次大戦のさなかで過した人達に対する死神の鎌の振い方は極めて峻厳であるようである。

小苅米氏とは私は或る出版社の編集長を介して出遭った。丁度小苅米氏がロジェ・カイヨワの『人間と聖なるもの』を訳しているときで、この本の中には人類学的な素材が色々とつまっていることから、何らかの意味で人類学者を用心棒につけておけば便利であるという配慮に基づくものであったのだろうと思われる。事実小苅米氏は一時期、多摩墓地の近くの小生の寓居に何度か足を運ばれたことがあるように記憶している。夭折した人達に共通の特徴であるように、今にして思われるのだが、小苅米氏もどこか遠慮深いところのある人だった。話の合い間に、えへら、えへらと笑って、それが少しも人に不快感を与えないのもこの人の持っているあどけなさのしからしむるところであったかも知れない。事実、彼は大酒呑みで、もう少し長生していれば、簡単に酒仙の列に加わることができたかも知れないと思われる。花園町の或るママが火葬場まで来てくれた。このママは気に喰わない客を差別するので一寸怖れられている人でもある。このママのところで学生時代から随分借金していたらしい。ママは「あの笑顔でやられてしまうのよ」といっていた。それほど人なつこい微笑の持主であった。

小苅米晛、山崎昌夫、石子順造、塙嘉彦、それに小野二郎。——どういうわけか、みな、わたしも友人なり知り合いの人であった。もしかれらがいま現在に生きておれば、「知」の第一線で日本はおろか世界を股にかけて飛び回っていたことであろうに……と思うと、口惜しい気がしてならない。

彼らに対する山口昌男の文章になにもつけ加えることはないが、もし一言注釈するならば「或る出版社の編集長」というのは、せりか書房の元編集長・久保覚《さとる》である。久保覚が岩手県の山奥から小苅米晛を東京に引っ張りだしたのであった。小苅米は、当時、郷里でひとりひっそりと古代ギリシャ語などを研究していたのであった。

もうひとつ、「花園町の或るママ」とは「まえだ」のママのことである。

ここでは小苅米をほめたたえていうのだが、彼はわが「ナベサン」に百万円とはいわぬまでも——とにかく、たとえそれがオーバーな表現であったにしても、それくらいの金額を借金してあの世へと逃げてしまったのであった。しかし、それでもなおかつ彼をいまだに憎めないのだから不思議でならない。彼にはある特技があった。旺盛な道化たサービス精神があった。彼のその道化たサービス精神に周囲の人がどれだけ楽しませてもらったか測り知れないものがあった。「まえだ」のママが「あの笑顔でやられてしまうのよ」という条《くだ》りは小苅米のその特技をさしていうのである。そんな人柄を反映してか、告別式には四百五十人もの人が参列した。それにしても享年四十一とはあまりにも早すぎた死であった。

病気のために会えない人もいる——長谷川四郎さん。

個人的なことからいえば、もし長谷川さんと知り合いになっていなかったならば、わたしの人生は大きく変わり、「ナベサン」という呑み屋もっと違ったものになっていたであろう。長谷川さんは私が呑み屋を始めるや――一週間のうち三日は呑みに来るのがノルマのようになっていた。店の開店時刻の六時からカウンターの隅に坐り、丸善の帰りなどは原書を何冊も買い込んできてチビリチビリ呑みながら読んでいた。お客が来だすとその客の話し相手になってくれて、まるで客の接待でもしている感じすらする日もあった。そして、京王線の終電に間に合う時刻の十二時キッカリに帰るのが習慣になっていた。それが、長谷川さんが闘病生活に入る直前までつづいたのであった。したがって長谷川さんを慕って多くの知識人が出入りした。

長谷川さんはわたしに「戦犯の意識がいまだに自分にはあるよ」としばしば口にしていたが、本人の肉体が病んでしまったいまとなってはそのような問題意識もどうしようもないことになってしまった。大変残念なことである。

ある日のこと、酒乱の〝一亀《いちかめ》〟で異名をとり、かつての『文芸』の名編集長とうたわれた坂本一亀が「これで日本の戦後文学は終わった！」と叫んだのを、わたしはいまでも鮮やかに記憶している。

たしかに、この晩もしたたかに酔ってはいた。だが、坂本一亀といえどもこの日ばかりは酔ってばかりはいられなかったのであろう。その日とは、昭和四十九年九月二十四日、花田清輝の通夜の晩であった。そこには、長谷川四郎、広末保、佐々木基一、宮本研、うえまつたかしが同席していた。花田清輝の死は「巨星堕つ」――といった感じで、坂本一亀がいったように、たしかに「戦後文学の終わり」の感慨があった。

長谷川さんはそれまで千田是也、佐々木基一、広末保、うえまつたかしの諸氏と「木六会」というグループを作り、花田清輝の『ものみな歌で終る』などの上演活動をしていた。そして、花田清輝の持論の合作による創作劇『故事新編』を劇化しようとしていた、その上演の矢先に突然花田清輝の死が訪れたのであった。

それからというものは、長谷川さんは、

「花田さんが死んだいまは、俺ひとりでもやらなければ……」

というのが口癖のようになっていた。そして、牧師の吉松繁さん、工学博士の榊原剛さん、それに会社社長の新村洋子さんなどと金芝河の『金冠のイエス』などの上演なども続けられた。しかし、そのころから長谷川さんの様子がおかしくなりかけ始めていた。以前のように「ナベサン」で佐々木基一を含めたかつての運動仲間とは待ち合わせをしなくなったのであった。そのころの長谷川さんの様子は佐々木基一の『昭和文学交友記』によるとつぎのようであった。――

「長谷川四郎氏は自分の主宰する『自由時間』に力をそそぎはじめ、わたしの応援を期待していたようであるが、わたしは準備不足のまま見切り発車したこの雑誌について行くことができなかった。長谷川氏が何かにせき立てられて急ぎ過ぎているようで、ハラハラしながら見守っていた」

たしかに長谷川さんは何かにせき立てられていた。また、それにもまして怒りっぽくなっていた。私はそれまで長谷川さんが怒鳴り散らす姿をみかけたことがなかった。その姿は佐々木基一ばかりでなく誰から見ても「急ぎ過ぎ」で「ハラハラ」させる感じがしたであろうと思う。

それから間もなく起こった小さな転倒事故がもとで、長谷川さんは今日までずっと闘病生活を続けている。

これより「あとがき」——

本書の企画が持ちあがったのは昭和五十九年の一月十六日であった。それは潮が退くようにゴールデン街がマスコミの話題にのぼらなくなった時期にあたる。

そのころ新宿歌舞伎町は相次いで「放火」に見舞われ、ゴールデン街では自警団を組織して夜廻りを始める始末であった。そして、前年には大阪から「ノーパン喫茶」

が歌舞伎町に上陸し、歌舞伎町の街全体が変容し始めていた。晶文社の津野海太郎さんと建築家の石山修武さんとなにげなしに新宿の話をしていたところ、新宿二丁目のことや、戦後の新宿駅東口の「ハモニカ横丁」のことがたまたま話題になったのであった。

そして、よくよく考えてみると新宿二丁目の〝赤線〟や「ハモニカ横丁」のことのほとんどが記録として遺されていないことに気づき、せめて、ゴールデン街だけは俺たちの青春だったのだから記録に残そうということで話のまとまりがついたのであった。

――いま、全マスコミがこぞって新宿ゴールデン街の底地買い上げ業者の暗躍を報道しているが、本書企画の時点ではマスコミは遠ざかる一方であり、それとともにゴールデン街に来る客も減りつづけていた。だが、マスコミが再び騒然としてくるにつれて、またゴールデン街に客の波が戻って来たようである。

ゴールデン街は青線時代とは違って、マスコミがあってこそのゴールデン街だということがひしひしとわかる。マスコミの諸君！　もっと内容的にも頑張ってほしいものである。

本書の成立にあたっては晶文社の津野海太郎さんはもとより、秋吉信夫さん、東海大学出版会の高桑宏さん、岩波書店の山田馨さん、それに楓林社の武井恵美さんにはいろいろお世話になった。また評論家の鎌田慧さんにはたびたびのはげましの言葉を頂いた。ここで、皆さんに感謝申しあげておきたい。ありがとうございました。

また、最後になってしまったが、新宿ゴールデン街の「タバコ屋」のママ、伊藤寿胡さんには貴重な資料や写真の提供を受け、大変お世話になった。もし、伊藤さんの厚意やお力添えが得られなかったら本書の成立はなかったであろう。この場を借りて、伊藤さんに深く謝意を表します。

渡辺英綱

昭和六十一年十一月十七日

付録1

──個人的な話──

「風月堂」の畸人、変人を語るのには、まず、旧満州帝国の溥儀《ふぎ》の日本料理のコックの息子として生まれ、晩年の太宰治に可愛がられた絵を描かない絵描きの新宿の「べにこん」こと紅谷隆二を語らずばなるまい。不思議なことに、なぜかこの男、環境庁から表彰されたことがあるのだ。

紅谷隆二。元新宿スナック「モッサン」の旦那であった。しかし、いつのまにか居酒屋「猿の腰掛」のママの下に裸一貫で鞍替《くらが》え。ハンチングとパンツ一丁と下駄履きの格好で転がり込む。彼、個人の私有財産はといえば、親から譲られた身体ただひとつ。ハンチングとパンツと下駄でさえ借り物である。気軽な身分である。ベレー帽に口ひげ、顎の山羊鬚、下駄。パンツ一枚と下駄履き姿でつぎの女の住まいに「裸」の字のごとくにスッポンポンの裸ひとつの身体を手土産にタクシーでさっさと引っ越し。その姿たるや裸の大将の山下清のさわぎどころではない。彼は、ご丁寧にも借りてきたパンツと下駄一式は元の買い主に返すのである。タクシー代を返すにも熨斗《のし》などというものは付けない。演歌などが聞こえると身震いするほど嫌悪感をあらわにする稀に見るリアリストなのである。

たしかに、彼は女に数限りなくモテた。更には育てる能力に欠けては引けを取らない割には次から次と子供を拵《こしら》えたものである。葬式に参列した子供の人数。――誰も知らないという。夜の帝王、プレイボーイという言葉ほど彼に似つかわしい言葉はない。彼は元々は絵描きを志してはいたが、酒が縁で呑み屋の店の設計をしたのが人生の分かれ目と相なった次第である。そして、気がつけば、自分で飲みたいと思う「呑み屋を創る」ことだけに専念して人生を終えた。したがって、世間でいうところの「仕事」というものをしたことがない、――いわば、お墨付きの社会から逸脱した〝クズ〟な男であった。

彼の店創りには時（閑）と金（手間賃）がやたらとかかる。彼は伝手から伝手を頼りに意図して東北の山村の民家を求めてのんびりと歩き回った。それも築三百年以上で「藁葺《わらぶ》き」の家ではなく「茅葺き」の家という、我が儘《まま》な条件つきでの民家を求めてである。「藁葺き」ならともかく、がっしりとしている「茅葺き」の民家はそう簡単に手に入る代物ではない。四十年も前の昔のことである。漸《ようや》く民家が手に入ると地元の解体作業に携わる大工と寝食をともに生活をする。彼は作業中は大工と寝食をともに暮らすのが主義といえば主義であった。解体作業は手順よく詳細に記録される。そして、その材木は大工共々東京に連れ持ち帰り、店を「創る」作業に入る。東京でも大工と寝食をともにする。何時の間にか方言で喋ったりしているのが恒であった。古い山村の民家の木材を徹底的にバラバラにして、その材料を基に「新宿」という大都会に棲息する疲れ果てたサラリーマンに温かみと安らぎを見いださせる憩える「呑み屋」を創るのである。しかし、彼の創った「呑み屋」空間は、田舎の大工からはえらく敬遠されるのも、これまた恒であった。大工たちはこんな雰囲気のなかでは落ち着いてオチオチ飲んではいられないというのであった。――まぁ、それはそれとして……。

一方で彼は、新宿の空気ばかり吸っていると酒が不味《まず》くて飲めなくなる、といってはプラリと山に向かった。たしかに、彼は山歩きが好きでなんの計画も目的もなく、朝起きたらそのときの気分で、ただ、ぷらっと北上山系の山によく出かけた。夜の新宿一派を連れての大名旅行もあれば、山好きで気のあった仲間二、三人、ときには一人で春、秋の一年に二月《ふたつき》ほどは欠かさずに北上山系の中の辺鄙《へんぴ》な村で好みの山小屋や炭焼き小屋で過ごした。そしてときには山から下りて新宿に遊びに来る山の友人や馴染みの民家で過ごしたりした。

当時岩手県には北上山系開発計画なるものがあった。総予算九千億円、主として畜産、林業の振興をめざす、というものである。そのために道路交通網、通信施設の整備が急がれていた。それに昭和五十一年までには東北縦貫自動車道、東北新幹線も開通するという。

そんな事情もあって、「北上山系のブナの木、カラマツ林を守る会」なるものをデッチ上げたのであろう。それで、当時の大石環境庁長官から表彰されたのであろうか。しかし、彼の発想は単純素朴明快。政治でも思想でもない——ましてや、環境運動などではない。じつは、その動機たるや至極シンプル——本心は、なお単純。——ひたすら、山に入って小鳥たちの鳴き声を聞きながらブナの醸し出す美味しい水でウイスキーの水割りを山の仲間と一緒に飲みたかっただけのことである。

わたしは北上山系の山並みはＮＨＫのテレビでしかみたことがないが霧雨に煙る夜道で、カラマツ林の葉末葉末に小さく点滅していた光、それがじつは何百何千というホタルの灯りだったのをみて感動したのを覚えている。そのホタルがいまはどうなっているのか。

彼には何事につけ物事を声高にして世間に訴えるという手段は毛頭ない。多分、彼の行動が彼の日常の行動半径の人間関係のなかで培われた人々のなかから下から上へとおそらく口コミで伝わっていったのであろう。その声が官僚を通してではなく直に個人的な接点で大石環境庁長官に届いたのではないか。中野坂上の禅寺での葬式には、元環境庁長官大石武一《ぶいち》の名で花輪が届いていた。会葬者は約六百人。献花のあいだラジカセから雲一点ない蒼空から紅谷が設計した店の「池林房」の大田篤哉社長の計らいでモーツァルトの「レクイエム」が静かに流れつづけていた。彼の死は朝日新聞の『天声人語』欄でもその人柄と功績ともども報じられた。

私が最後に彼をみかけたのは、残暑のきつい真夏の丸井デパートと伊勢丹のある新宿・三光町交差点（現・新宿五丁目交差点、編集部注）の青信号の雑踏のなかであった。会社の引ける時刻で五時過ぎの頃合いである。山手線の方角から靖国通りを一直線に濡れるような真ッ赤な焼き付けてくる強烈な夕陽がまぶしかった。彼がこの時刻にこの交差点を急ぎ歩いているということは、寄席の末広亭の真向かいにある愛人の店、「猿の腰掛」に向かっているのであろう。反対側を歩いているわたしはすれ違いざまに振り返り小手をかざさないと前方がみえないくらいまぶしかった。それは振り向きざまの一瞬の瞬きではあったが猫背のその後ろ姿に漂う孤独の影は目に焼きついている。相変わらず斜に被ったハンチングと下駄履きのスタイルであった。みると、首に包帯を巻いていた。左肩と首筋のあいだに握り拳大のコブ状のものが後ろの耳あたりまでこんもりと盛り上がっていた。晩年、彼は愛人を連れて引かれるように旧満州を旅して回っていると人づてに聞いてはいた。彼は肝臓を患ってすでに末期癌であることに気づいていたのであろう。その後ろ姿から察するに癌はリンパ節にまで転移し首筋が腫れあがったのだろう。癌は、すでに進行性末期癌の症状を呈していたのではなかったか。——考えるまでもなく、キッチリ残り半年の命であったのだ。昭和を丸ごと生きて翌年の春三月に没した。五十五歳であった。

ボトル・キープの出来る店は、いまや居酒屋を始めとしてどこの地方の酒場でも全国的に普及している。が、この制度は何時ごろから始められたのか。誰が始めたのか。思うに、最初に新宿ゴールデン街に店を構えた「モッサン」が始めのような気がする。紅谷隆二がこの制度を持ち込んだと記憶している。

しかし、彼自身は依然として店のママなり、誰彼に水割りを作らせて飲むのだが、ボトルをキープして手酌で飲むという習慣は死ぬまで身につけはしなかったが……。

しかし、彼は若者が集まる「場所」がなにより好きであった。少しばかり小金を貯め込んでホステスなり女給をからかい半分我が物顔で飲んでいる年寄りや中年サラリーマンの屯《たむろ》する酒場には足を向けなかった。第一、ロック氷もろくに割れずシェーカーも振れないバーテンなどは側にいるだけで煩わしい存在であった。

彼の「呑み屋主義」は、サラリーマンは給料を取る才能しかないが、金のない若い芸術家には明日に向けた才能がある。金は出世払いで良いのだといった気風があった。我が儘をいうな。金がないのだから他人に作らせないでボトル抱えて一人で飲め、といった気分である。「セルフ・サービス」の始まりである。この精神がボトル・キープ制の始まりであったと思う。

——個人的な話二

「風月堂」を背負い、ともに、爛熟、頽廃、凋落、衰弱、衰退の繰り返しを経験した名物支配人山口さん。彼は大女優・東山千栄子の甥であった。紅谷の山登りの弟子でもある。六度の駆け落ちにもめげず七回も駆け落ちを決行した記録の保持者である。彼はどういう訳か駆け落ちる度に逃げ場所を嗅ぎつけられて連れ戻されてしまうのであった。場所は温泉宿、山小屋などと毎回所をコロコロ変えるのではあるが、紅谷の仲間につい感づかれてしまう。ときには先を越されて待ち伏せを受け愛人共々照れくさそうにしょげ返っている。変わった趣味というか、憎めない変人であった。やはり、紅谷の山登りの弟子で資本家の息子で松本由起夫という男がいる。桃源郷で昼寝もしたが、借金地獄に口元まで浸《つ》かって溺れて死んだ男である。

彼は、ちょうど「草月流脱税事件」が世間を騒がしている時期に、総会屋の父親が「脱税事件」で新聞沙汰にあっている。共通しているのは、ともに父親が係わり起こした脱税事件であった。草月は脱税事件で文化事業を縮小し、松本は脱税事件で父親の事業を引き継ぎ、夜の文化事業を展開する。松本の夜の文化事業は事業としてはことごとく失敗に終わったが……。

意気盛んなときには一気呵成《いっきかせい》に「ピテカントロプス」「一徹」「美人喫茶」「ジャズ喫茶」など新宿歌舞伎町を中心に七店舗ほど展開していった。——しかし、とどめは、なにをさておいても新宿の七〇年代を代表した三越デパートの裏、画廊喫茶「青蛾」の斜向《はす》かいに開店した酒場、「どんがばちょ」であろう。店の名は、ＮＨＫの人形劇「ひょっこりひょうたん島」でバカ受けしていた「ドン・ガバチョ」からのもじりである。テレビとは関係なく変わった構造の店の造りであった。店の入り口はすでにして饐《す》えがかったビラビラ女陰。入るとミミズ千匹。床も低い天井も凸凹なのである。カウンターもボコボコ。平行に歩けないのである。飲んで酔えば平行に歩けるという理屈である。バック・ミュージックはクラシックであった。バロック音楽が中心。とくに、当時、爆発的に人気のあったグレン・グールドのピアノ曲。しかし、いずれにしても皆グラス片手に転んだ。奥に入ると子宮をイメージした造りとかで、さらに奥に入ると椅子と柱は子宮癌という仕掛け。モダンな内装といえば聞こえは良いが、店の訳の解らない彫刻や内装すべてこれ現役の東京芸術大学の建築、彫刻、デザイン科の大学院生の手で成ったものである。内装の総指揮は紅谷であった。さすがに床だけは暫《しばら》くして平行に歩けるように戻した。

――そんな店「どんがばちょ」の社長、松本由起夫。

この男、フランスはパリ、日本は紅谷と登った山と温泉、それに新宿の街しか知らない。だが、己の「庭」だけは十二分に知っていた。

――放蕩三昧《ほうとうざんまい》。しかし、この男、女に惚れられることは知っているが、如何せん、惚れることを置き忘れてきた裏も表も知り尽くしたアホである。酒や女に溺れて身を崩すほど温《ぬる》い阿呆ではない。なまじ中途半端な世間の沙汰など眼中にない。親の財産を全て食い潰して差し引きゼロの人生である。「オーミステイク!!」などと臭いセリフは吐かない。冗談で生まれ来て冗談で「死ぬのはいつも他人ばかり」を地で生き他人事のように死んでいった。平成三年五月十三日肝臓癌で、――五十歳であった。

――気障《きざ》ってのは我慢なんだよ

と、夜の、降る小雪ン中をヤクザ映画の「健さん」よろしく着流し雪駄履きで寒さにたまらず震え上がり、まさに、さよならだけの人生を、さらに冗談に生きた。泥水を口から垂らして、死んでしまえばそれまでよ、と消えていった。まさに、歌人の山崎方代《ほうだい》の歌ではないが、「死んでしまえば石とこおろぎ」である。

かれらは、いずれも新宿をこよなく愛した。――なかでも陰から「風月堂」を支えた男たちである。ごく仲間内の話ではあるが、昼の「風月堂」、夜の「どんがばちょ」といわれた所以である。

当時、文化人類学者の山口昌男や作家の大江健三郎らによってさかんにいいふらされていた流行言葉でいえば、彼らは、「トリック・スター」であり、「パフォーマー」であり、さらに、街の「道化師」でもあったのである。

かれらは、都々逸を低い声で呟いた。

「ボウフラが
人を刺すよな蚊になるまでは

泥水飲み飲み浮き沈み」

——風月堂素描

歩いた歩幅で人生が変わる。「曲り角、曲り角、そこをまがって突き当って、若い人生を終ろうとした道、そうした道も、私の歩いた東京地図にある」佐多稲子の『私の東京地図』である。

昭和四十八年（一九七三）八月三十一日、風月堂は店を閉じた。ある人が、ある時期に、街をブラついていて偶然にさしかかり、ふと面白い物をそこにみつけ、その後はちょっとした時間があれば自然に足がその方に向いてしまうといった、お気に入りの路地。そんな路地が新宿の街には沢山ある。そのひとつの路地に音楽喫茶ギャラリー、「風月堂」はあった。

当時、世界の最先端の指揮者のクラシック音楽が毎回レコード・コンサートで聴け、最新到着の現代音楽が聴けた。また、最近の前衛音楽と銘うって特別コンサートなども開かれた。解説は主に前衛音楽の紹介に努めた秋山邦晴や杉浦繁、作曲の諸井誠、武満徹、芥川也寸志《やすし》、黛敏郎《まゆずみとしろう》など。日本の明日を担ういずれも二十代の「作曲家集団」「草月グループ」のメンバーたちである。曲目は、メシアンの「異国の鳥たち」、シュトックハウゼンの「五木管の為のツァイトマッセ」、それにチュウ・ウェン＝チュンのランドスケープと案内状に記されている。ドイツのシュトックハウゼンや日本の別宮《べっく》貞雄は、まだ、パリ国立音楽院のメシアンの学生であった時代である。昭和三十三年（一九五八）に、すでにこのようなヨーロッパ最前衛のレコード・コンサートが開かれていたのである。たしかに、「モダン・ジャズ、現代音楽の実験、ジョン・ケージ、マース・カニングハム舞踊団、アニメーション、アンダーグラウンド・シネマ、イヴェント、ハプニング……これらはみな六〇年代のキィ・ワードであると共に、草月アート・センターで行なわれたさまざまな催しの一部である。〝草月〟はまさに六〇年代の前衛芸術の活動そのものであったといえよう。そこには雑然とした不定形の熱気があふれていた」と、『文化の仕掛人』で秋山邦晴がいうように、「草月アート・センター」を基盤に活動する芸術運動グループとの連携もあっただろう。——が、やはり、場所的に新宿だからこそ、このような無謀ともいえる企画、企図が出来たのである。演奏会場でのコンサートならおそらく研究者、近親者以外は足を向けなかった時代である。それよりなによりも日本人の演奏家で、はたして何人がこの曲を弾きこなせたか——という、気の遠くなるような時代であった。それもこれも、いってみれば、大胆かつ新鮮な創意工夫を常に加えて、協同して新しいものを絶えず生み出してゆくという、いわば新宿のもつ根元的なエネルギーに支えられてこその所産であった。「風月堂」は、この時代の文化的活力の一所産なのである。たとえば、当時、晶文社発売の『同時代演劇』、あるいは、「草月脱税事件」を契機に永年勤めていた「草月」の支配人職を擲《なげう》って自ら立ち上げた奈良義巳のフィルムアート社の『芸術倶楽部』のバック・ナンバー一冊を取り上げてみても熱い息吹きといったものが今日でもなお肌に直に真夏の太陽の陽を浴びたように強烈に感じられる（『芸術倶楽部』と、「草月アート・センター」のメンバーと顔ぶれは、ほぼ同じである）――まさに青年の、「精神の運動」の名にふさわしい時代であったのだ。

――「新宿ゴールデン街」が、かれらの仕事と同じく同じ空気を同時並行して息づいてこられたのも彼らが常に客であると同時に芸術家としてともに息づいて在ったからでもある。かれらの人脈、人の流れなくしては、これまでの「ゴールデン街」は存在し得ないし、また、――でなければ、語り残す必要もないのである。

さて、一方で、「風月堂」は、常時、前衛美術作家たちの作品が、テーブルといわず吹き抜けの壁を利用し展示され、若手の「ギャラリー」での作品の展示、発表がつづいた。とくに、特別展の企画は話題を呼んだ。

――北園克衛《きたぞのかつえ》を中心としたVOUクラブのVOU形象展である。

『彷書月刊』(二〇〇二年十二月号)、「特集　北園克衛の副読本」のなかで詩人の高橋昭八郎によると、「形象展に発表された作品は、新たな〈詩〉として開発されたものである。従来のものとは違うとらえ方による詩、写真詩、写真、映画、カラースライド、オブジェ、絵画、彫刻、音と声による詩、……などで構成されていた」。風月堂での開催は第十三回から第二十四回まで(一九五九〜一九六三)、形象展のピークともいえる第二十五回展(一九六五)も風月堂が会場であったと、伝える。——伝説の第二十五回展である。

——東京・新宿・音楽喫茶ギャラリー、「風月堂」は、日本の若者文化の発信基地でもあったのである。

二〇〇〇年五月十五日〜六月二十四日の期間に草月美術館で開催された「秘蔵資料にみる戦後美術の証言」でも案内状・図録・ポスターなど当時の貴重な資料が風月堂から提供、出展されていた。そんな雰囲気であった風月堂は、——必然、文学、映画、演劇などさまざまなジャンルの人種が日本ばかりではなく世界の各地から集まり、店は「サロン」化していった。店のウエイターや、ウエイトレスも時代を担う劇団の研究生や芸術家の卵であった。若き日の俳優養成所の研究生であった仲代達矢、作家の山崎朋子などがアルバイトをしていたという話などはいまや語り種《ぐさ》である。

——わたし個人の話だが、東京に出てきて初めて新宿・風月堂に入った。その時、便意を催しトイレに駆け込んだのであるが、目のまえに控えているのは初めて目にする洋式トイレというものであった。使い方を知らずにただあわてるばかりでトイレのなかをウロウロしていたものである。緊張のあまりついいきつけの隣のクラシック喫茶「ウィーン」に飛び込んで用を足したのを思い出す。「ウィーン」はまだ和式トイレであった。ほんのタッチの差で用を済ませホッと一息ついたときの——あの爽やかな記憶は、未だに鮮やかである。わたしにはトイレひとつにしても「風月堂」は新鮮な驚きであった。

昭和四十三年（一九六八）十月二十一日。

——国際反戦デー。

——新宿騒乱事件。

この日を境に新宿は、一転、大きな変貌を遂げる。

第七章で触れたように、昭和四十二年（一九六七）といえば、新宿はすでに新しい顔を持ち始めていた。「長い髪したマルクス・ボーイ」はいうにおよばず、アメリカのヒッピーが喫茶店「風月堂」にたむろしていた（現在は、一階がイタリア・レストラン「壁の穴」で二階から四階がラブ・ホテルである）。やがて和製ヒッピー、フーテンなる人種が登場してくる。と同時に寺山修司、唐十郎らの率いるアングラ劇団が、「ピット・イン」、新宿アートセンターや花園神社を拠点に活動を開始している。そして、全共闘の活動家やべ平連のフォーク・ゲリラも新宿西口地下広場に集まってくる。米空母から脱走した水兵が「風月堂」でべ平連にかくまわれた。とにかく新宿は無秩序に、騒然としていた。そして、この騒然とした無秩序を支えていたのは——ほかでもない、地方出身者やフーテン、家出した若者たちの底抜けの明るさであった。この時期の新宿は、道を行く乞食の顔にもなにやら自信がうかがえた。とにかく、みんながイイ顔をしていた。そんな若者たちの溜り場がジャズ喫茶であった。歌舞伎町を中心にザッと煙草の煙とシンナーの臭いが濛々と立ちこめる店名をあげると、「木馬」「バード・ランド」「ヴィレッジ・ゲート」「DIG」「ジャズ・ヴィレッジ」……等々である。夜の街の表通りを避け夕暮れの夢小路に紛れこむと、そこには、夢を必死に背負い人生の裏街道を歩きつづけてきた若者たちの別の顔がある。

十五　十六　十七　と
わたしの人生暗かった

暗く重く哀しく、しかも、悲しいだけではすまない世のなかへの怨み節。彗星のように現われた藤圭子の歌を聴きながら壁に肩をもたれるアベック。裸電球の下の狭いカウンターの隅には、アラン・シリトーの『土曜の夜と日曜の朝』『長距離走者の孤独』といった小説、ギンズバーグの詩集、実存哲学者のサルトルの『文学に何ができるか』、ポール・ニザンの『アデン・アラビア』といった哲学の本。フランツ・ファノンの『黒い皮膚・白い仮面』、公民権運動の指導者マーチン・ルーサー・キング牧師の本などが無造作に積みあげられていたものだ。

そのころ、浅川マキの歌う「夜が明けたら」のモチーフ〝一番電車〟ではないが、わたし達は、どういうわけか、夜明けになると店を出たものだ。一番電車で家に帰らなければまずいような気がしたのだった。

じっさい、新宿でいちばん美しかったのは夜明けの直前であった。鳩が、都電道路を歩きまわっている。路地裏では昨夜ビルからはき出された残飯をカラスと浮浪者があさっている。夜の新宿人たちが酔いつぶれ、姿を消し、昼の新宿人たちが、姿を現わす前の一刻。ビルのガードマンが、故郷に出す手紙を書き、ガソリンスタンドの少年が深夜放送をつけっ放しでいねむりしている。二十四時間営業の「白馬車」をしめ出された浮浪者が、紙袋二つに家財道具一式つめこみ、銀行の石段に腰かけて日の出を待ち、数をかぞえている。「ヴィレッジ・バンガード」をしめ出されたフーテンが、マリファナやシンナーを吸いながら行き場なく公園でたむろしている……。

しかし、新宿のもっそんな底抜けの無秩序の明るさにも限界があった。——たしかに新宿は、樺美智子の無惨な死を抱えた六〇年安保闘争直後には、挫折に打ちひしがれた若者たちの一時の憩いの場であり、絶望と欺瞞に怒れる若者の飢餓をいやすオアシスとなった。そして、「赤い新宿」の伝統を受け継いで、新しい時代の旗手を育てる場となり、七〇年安保の激烈な戦いに向けて立ち上がろうとする戦士たちの牙城ともなった。戦後日本のあらゆる価値体系を否定するラディカリズムは、確実に時代を変える予感があった。ベトナムでは毎日虐殺が繰り返され、それに加担している日本政府。そして日本を基地としてベトナム爆撃を繰り返すアメリカを許容する戦争経験者たちへの、また、学問、大学教授らに対する「ノン！」の闘いであった。何をエラそうに喋っても、ベトナム人民に対してなんらの支援もできないことへのいら立ちを権力、体制に向けて叩き付けたい気持ち。

新宿駅西口広場、東口の青空広場では毎週土曜日の夜になるとどこからともなく若者が集まり、ベトナム戦争反対、「沖縄を返せ」と気勢をあげ深夜の終電までフォーク集会が開かれ、激論沸騰、青空「ティーチ・イン」が開かれていた。西口地下道はフォーク広場として、歌舞伎町に向かう東口青空広場は激論の場として二手に別れて騒然としていた。そこは、日本の「ムラ社会」から弾き出された地方出身者の全共闘・団塊の世代が丸ごと蝟集《いしゅう》し、自分たちのアイデンティティーを「無料」で満たすには格好の「遊び」場所でもあったのだ。みな貧乏ではあるがエネルギーだけは満ちていた。

しかし、広場は、ある日、突然、

ここは広場ではありません。通路です。

立ち止まらないで下さい。

新宿西口警察署

西口広場のいたる所にこの立て看板が立てられた。西口地下「広場」は、地下「通路」になったのである。「歩いて下さい……そこの人歩いて！　歩いて！」

新宿駅西口交番の立て看の横、大きな鉄柱の柱には巨大なスピーカーが取り付けられて、毎週土曜日フォーク・ゲリラが出没するころになると、音量をいっぱいにあげて、警官が絶叫していた。しかし、歩けといわれても、人、人、人の波で歩く余地などどこにもなかった。

そして、いつしかその抑圧されたエネルギーと熱気は一九六八年十月二十一日の国際反戦デーの闘いで沸点に達した。新宿駅周辺をとり囲む群集の数は午後八時の時点でついに数万人に膨れ上がった。ジグザグデモの群集はスクラム組んで口々にベトナム戦争反対と七〇年安保改定阻止を叫んで全国から選抜された「花の第七機動隊」と揉み合いつづけた。その群れは小さな波濤《はとう》がいつしか大きなうねりとなって叩き付けるように堅固《けんご》な機動隊の壁にゲバ棒で突入した。女子活動家は山手線の線路の石を拾い集め、道路や舗道の石を金槌で剝がし投石がつづいた。それに応酬するように機動隊の催涙弾の攻撃がいたる所で一斉に始まる。東口の靖国通りに面した十階建ての雑居ビルの屋上から、新宿通りの雑居ビルの屋上からガス銃が群集に向けて乱発射された。直撃された催涙ガスの煙りにまかれてポロポロと涙を流しながら、放水で全身グショグショになっても、それでも抗議の声をあげることを止めなかった。新宿の繁華街・歌舞伎町のネオンはすべて消え、やがて火は赤々と燃え上がり、頭上を火炎ビンが飛んだ。手錠を掛けられ繁華街を逃げ惑う群集は自警団に袋叩きにされ私服の警官に突き出される光景はいたる所で眼にした。街は騒乱状態となった。夜の十時過ぎには数万人の群集が新宿駅を占拠。深夜にいたるとついに騒乱罪が適用された。無差別に七百六十九人が逮捕された、所謂、10・21国際反戦デーでの新宿騒乱事件である。それから翌年の六月二十八日。土曜日の夜。新宿西口広場で七千人の群衆と八百人の機動隊が、国電西口の改札口が閉鎖される午後九時十五分まで地下広場と地上の広場で睨みあいがつづいた。

――その模様を翌朝の朝日新聞は伝えている。

「二十八日夜、東京・新宿駅西口地下広場の名物〝フォークソング集会〟は約七千人にふくれ、新宿郵便局の郵便番号自動読みとり機の強行搬入の問題もからんでついに爆発した。若ものの群衆は機動隊と衝突を繰返しながら西口改札口を自由に出入りし、機動隊は地下広場にガス銃を撃ちこんで規制、学生ら六十四人が公務執行妨害などの疑いで逮捕された。……国電は平常通り運転したが、広場から出るバスはいずれもストップ。夜遅くまでつづいたビルの谷間の反戦歌は、ガス弾の煙の中で涙の大合唱に変った。――」

学生の叫ぶ「安保粉砕」「闘争勝利」のかけ声はガス弾のなかにかき消された。これらの群集の新宿での闘い以後、新宿の街から若い世代の「青春の運動」が、――消えて久しい。「文化運動」と「政治運動」――腹を空かせて泣き叫んだ、あのときの、〈あしたのジョー〉の夢は消えたのか。

付録2

江戸狂歌の中心は新宿だった

いま巷では、近頃の江戸ブームを反映してか、慶応三年（一八六七）十二月生まれの明治の作家、斎藤緑雨《りょくう》[1]がひそかな人気を呼んでいる。ひと口に、江戸といっても、徳川幕府三百年の歴史の幅がある。同じ江戸でも元禄時代[2]には、まだまだ上方文化が濃厚に映しだされていた。江戸文化の本領は、善し悪しの判断はさておいて、なんといっても田沼時代[3]に始まるといっていい。

斎藤緑雨の視線は、まさにこの田沼時代に注がれていたのである。ところで、

内藤新宿　馬糞《まくそ》の中で
あやめ咲くとは　しおらしや

という馬子唄《まごうた》があるが、この唄はもとより『潮来節《いたこぶし》』の

潮来出島の　真菰《まこも》の中で
あやめ咲くとは　しおらしや

の替え歌であるが、そんな唄がうたわれるほど、伝馬《てんま》の往来、四谷新宿の宿駅は賑わいをみせていた。

さらに、享和元年（一八〇一）には、新宿二丁目の太宗寺裏の靖国通りに面した成覚寺の境内にある白糸塚で有名な、御家人・鈴木主水《もんど》と新宿大木戸沿いの旅籠橋本屋の売女・白糸（十九歳）の心中事件を唄った、

花のサァエ　大江戸の　そのかたわらに
さてもめづらし　しんじゅうばなし
ところ四つ谷の　しんじく町の
こんの　のれんに　ききゃうのもんは
おとにきこへし　はしもとやとて

と、「白糸くどき・やんれい節」なども唄われた。

こうして馬子唄や俗謡にまで唄われて親しまれていた新宿だが、徳川八代将軍吉宗[4]の治世（享保三年＝一七一八）に、新宿は一度宿場町として廃駅[5]されている。四谷大番町に住む旗本、内藤新五左衛門の舎弟大八の起こした「大八事件」という刃傷沙汰を機会に、元禄時代の奢侈《しゃし》遊興時代から、吉宗の奢侈禁止の経済引き締めの政治改革を実施する名目の一環として、「女郎の町」新宿は江戸幕府に潰されたのである。その新宿が、新たに宿場町として認可されるのは、それから五十四年後の明和九年（一七七二）。田沼意次[6]が老中職に就任して、僅《わず》か一ヵ月ほど後の、二月二十日のことである。

新宿が宿駅として再開されたとき、浅草阿部川町の名主・高松喜兵衛の子孫・喜六が中心となって幕府に請願し、許可を得たというのが通説になっている。しかし、これはどうもただの通説[7]のようである。

たとえばつぎのような記録がある。

「〇稲毛屋金右衛門
内藤新宿駅馬の廃を願い、再復興し、後には天城炭を焼き出したり。著すところに水の行衛の書あり。平賀源内[8]の弟子にて、狂名を平秩東作[9]という」

この記録は、老中・水野忠邦の友人で儒学者だった松崎慊堂《こうどう》[10]の『慊堂日暦』という日記の、天保十一年（一八四〇）三月の項に出てくる。少し補足を加えれば、「新宿駅馬の廃を願い」というのは、平秩東作《へずつとうさく》が直々に老中・田沼意次に願いでて再復興した、ということである。

そのことを東作は、誇らしげにかどうかはいざ知らず、

我が里の雷草花になぞらへてほめばかうしうかい道の花
世の中の人とたばこのよしあしは
けむりとなりて後にこそ知れ

と、詠っている。東作の胸の奥には、なにほどかの自負があったに違いない。

わたしはいまや、浅草阿部川町の名主高松家の新宿再興という通説を捨てる。そして、政治をも識ることの深い松崎慊堂が記録している以上、この記載はそのまま承認してよさそうに思える。新宿を真に再興したのは、紛れもなくこの稲毛屋金右衛門なる人物だと確信している。なぜなら、この人物なくして今日の新宿の文化は、まず考

えられないからである。

では、稲毛屋金右衛門とは、どのような人物だったのだろうか。

「四谷新宿煙草屋稲毛屋金右衛門、狂名を平秩東作」という記録がある。

彼の住居は、現在の新宿・伊勢丹の前の新宿通りに面した追分交番から二、三十メートル奥に入った、寄席・末広亭の辺りに住み、煙草屋を営んでいた。ただし、煙草を商っているといっても、現在の町の煙草屋とは比較にならない規模である。稲毛屋煙草店の客は、友人の狂歌師の旗本・大田南畝《なんぽ》[11]（四方赤良《よものあから》）や平賀源内はもとより、上限は大奥から老中・田沼意次、それに田沼の宿敵で後の老中・松平定信、相撲の谷《たに》風梶之助《かぜかじのすけ》[12]にまでおよんでいる。

さらに、東作は五十四歳のときに、蝦夷地・松前でひと冬すごしている。松前での越冬は、田沼意次の部下松本伊豆守の命令で、ロシアとの密貿易をさぐるためだったらしいが、江戸市民の蝦夷地での越冬は、これが最初といわれる。

また、狂歌師としての平秩東作は、江戸文化の華——狂歌運動推進の第一人者であった。平秩東作の主だった狂歌運動の仲間の名前を挙げると、次のごとくである。

白鯉館卯雲《はくりかんぼううん》、田沼意次親子、元木網《もとのもくあみ》、その妻知恵内子、平賀源内、蔦唐丸[13]（蔦屋重三郎《つたやじゅうざぶろう》）、朋誠堂喜三二、山手白人、朱楽菅江《あけらかんこう》、その妻節松嫁々《かか》、花道つらね、唐衣橘《からころもきっ》洲《しゅう》[14]、恋川春町《こいかわはるまち》[15]、石川雅望《まさもち》[16]（宿屋飯盛）、鹿都部真顔《しかつべのまがお》、竹杖為軽《たけつえのすがる》、紀定丸、山東京伝[17]、十返舎一九、滝沢馬琴、式亭三馬[18]、谷風梶之助等などである。新宿・牛込に住んでいた幕臣・四方赤良や、「秋の夜の月は赤坂四ッ谷なるくらやみ坂もこえぬべらなり」と詠んだ、暗闇坂近くの四谷忍原《おしはら》横町・お岩稲荷棟の隣に住んで、田安家に仕えた幕臣・唐衣橘洲。それに平秩東作を加えて、江戸天明期の文化運動が展開していったのである。

自由闊達な気風の田沼時代

だが、初めからすんなりと事が運んだわけではない。当初、唐衣橘洲に誘われた四方赤良は、狂歌などは時の興に応じて詠むべきものであるのに、ことがましく集いをなして詠むなどという「しれもの」は馬鹿の骨頂だ。しかし、「我もいざしれものの仲間入りせん」と、集会に応じたという。

かれらはもともとが、牛込に住んでいた国学者で歌人だった内山賀邸《がてい》の門弟である。若いかれらにそれほどの異論のあるはずもない。沈滞し、よどんだ封建社会の生活のなかで、学識や才分を持て余している若い人々が、狂歌という一見卑俗な詠歌に身を投じて、エネルギーを発散させようとした意気込みもうかがわれる。赤良は、すでに狂詩狂文で一家をもなしていた。橘洲が音頭をとって火をつけたものが、赤良において燃焼したといってもよい。ここでは武士的な教養知識と町人的な生活感情が、職業や身分といった階級の垣根を取りはらって、天明狂歌人[19]においてはきわめて自然に融合している。

狂詠において、封建的差別を脱した人間の自由を求めようとする若い情熱がここにある。そこにこそ、単なる低俗な町人化におもむいた浪花風狂歌と異なる、新しい江戸狂歌の地盤がある。作家・石川淳氏[20]のいうように「凡俗否定から発した一種の青春の運動」が、天明狂歌の発足であった。

狂歌会は、橘洲や東作、木網宅などで開かれ、例会のほか観月狂歌会や特別な趣向を凝らした宝合《たからあわせ》の会、百物語の会なども行なわれた。同好者の数は次第に増加し、高名な狂歌師を中心とした何々連や何々側と称するいくつかのグループも結成される。指導者やメンバーに多少の移動はあったけれども、橘洲の四谷連（酔竹側）、赤良の山手連（四方側）、菅江の朱楽連は武家中心、木網の落栗連、浜辺黒人《はまべのくろひと》の芝連、大屋裏住《おおやのうらずみ》の本町連、宿屋飯盛の五側、鹿都部真顔のスキヤ連、加保茶元成の吉原連などは町人中心、花道つらねの堺町連は演劇人を主とするなど、それぞれ多彩な顔ぶれがみられた。この狂歌運動が、ほかの文芸や浮世絵、演劇、歌謡など、文化全体を潑刺たる気分に包んだのである。

だが、これらの人々を中心とした狂歌運動は、田沼意次が失脚し、田沼政権の崩壊とともに、衰退の一途をたどるのである。田沼の後を継いだ新任の老中・松平定信は、儒教の倫理思想による文武奨励の政治改革を始め[21]、その思想に基づいた言論出版の弾圧を始める。まず、恋川春町は『鸚鵡《おうむ》返《がえし》文武《ぶんぶの》二道《ふたみち》』を著した科で、自殺に追い込まれた。四方赤良は、幕臣の立場から自ら筆を折った。耕書堂蔦屋重三郎は家産半減の刑を受け、山東京伝は五十日の手鎖の刑、宿屋飯盛は江戸追放、式亭三馬は手鎖五十日の刑——というように、言論弾圧は各方面に広がった。自由な気風のなかで培われてきた江戸狂歌は、その自由な空気を奪われ逼塞《ひっそく》し、そこで息絶えた。

江戸狂歌の栄華の時期は、ひと言でいえば、田沼・自由主義政治の衰退と運命をともにしたといってよい。

「社会諸方面の事情が、芸術と称する優しい花の蕾の綻びるには不便と思われる場合、芸術は社会に向かって分離の態度を取るこそ、却って幸福であろう」

この言葉は、明治四十三年（一九一〇）、永井荷風[22]が、幸徳秋水[23]のいわゆる大逆事件[24]を目前にしたときの述懐である。

天明の江戸狂歌運動を支えた平秩東作は、辞世《じせい》の狂歌を

南無阿弥陀ぶつと出たる法名はこれや最後のへづつ東作

と詠んだ。「最後のへづつ」とは、最後の屁に、自分の名字・平秩東作の「へずつ」を掛けたものである。彼の墓は、新宿富久町の善慶寺《ぜんけいじ》に、苔に覆われていまもひっそりとたつ。

1斎藤緑雨　さいとうりょくう

慶応三〜明治三十七（一八六七〜一九〇四）。明治時代の小説家、評論家。『小説八宗』『初学小説心得』などを書き、辛辣な批評家としても知られた。

2元禄時代

元禄年間（一六八八〜一七〇四）を中心とする。徳川五代将軍綱吉の治世。農業生産や商業経済が発展するなかで、上方を中心に貴族文化の雅を吸収しながらも庶民の俗を主張する町人文化が栄えた。

3田沼時代

田沼意次が江戸幕府十代将軍家治の側用人となった明和四年（一七六七）から、天明六年（一七八六）に失脚するまでをさす。金権腐敗政治の象徴とされるが、これは田沼全盛の天明期固有のものではない。むしろ、倹約令を出しつつ活発な経済活動を政策に積極的に取り入れた。国学や蘭学も勃興し、俳諧や川柳、文人画や浮世絵も盛んになるなど、文化芸術面では活気にあふれた時代であった。

4徳川吉宗　とくがわよしむね

貞享元〜宝暦元（一六八四〜一七五一）。江戸幕府八代将軍。武芸、学問を奨励し、キリスト教に関係のない外国書は認めたので、蘭学、なかでも医学や天文学が目覚ましく進歩した。財政再建と行政改革に重きをおいた享保の改革を実施する。庶民の意見を吸収する目安箱も設置した。

5廃駅

『文政町方書上』という古い記録に、「元禄十一年寅年前書喜六先祖其外名主年寄先祖都合四人に而御運上金五千六百両相納開発仕、新規甲州道中継出し駅場に取立」という記述がある。甲州街道開設後九十四年の元禄十一年（一六九八）に新宿の宿駅を喜六以下四名で御上に願い出て、法外な権利金五千六百両で落札したと、記している。ここで、「喜六」とあるのは元禄の頃、浅草阿部川町に住まいの先祖の高松喜六であろう。それに「其外《そのほか》」の名主、町人、市左衛門、忠右衛門、喜吉、五兵衛もおなじく浅草で売春宿を経営していた同業者たちであろう。それにしても、五千六百両とは今日の日本の円に換算して幾らになるのであろう。二億円ほどか？　いずれにせよ法外な金額であろう。しかし、それが御上の「廃駅」という僅か二文字ですべてが「パー」になってしまうのである。酷いことである（暇な方はどうぞ計算してください）。

6田沼意次　たぬまおきつぐ

享保四〜天明八（一七一九〜一七八八）。株仲間の結成や新田・鉱山の開発、外国貿易の拡大、蝦夷地の開発計画など、旧来の格式にとらわれない政策を積極的に実施し、田沼時代を築いた。

7新宿再興の「通説」

新宿の再興が認可されたのは、田沼意次が老中に就任して僅か一ヵ月後の出来事である。田沼全盛時代が築かれる年である。この田沼時代に新宿再興に尽力したのは高松喜六以下数名の人物と「高松文書」にはある。しかし、この人物のなかで、町方を仲介せずに直接に田沼意次に接見できたのは「狂歌」仲間の新宿在住の狂歌師・平秩東作ただひとりであった。新宿再興の申請、誓願を願い出て約一ヵ月という当時の役所の仕事としては超スピードの認可であったといわねばならない。普通なら事務手続きから認可まで少なくとも最短でも二年の期間は要する。新宿再興の中心人物は平秩東作といわねばならない。斎藤月岑《げっしん》の『武江年表』、上野益三の『博物学者列伝』、それに松崎慊堂の『慊堂日暦』の記録を読み比較すると、「高松文書」は通説のように思われる。「文書」は、あくまでも「文書」である。通説は軽々しくは従い難いといわねばならない。

8平賀源内　ひらがげんない

享保十三〜安永八（一七二八〜一七七九）。江戸時代の本草学者、戯作者。長崎で蘭学を学び、温度計、平線儀、エレキテルなどを製作、人々の目を引く。薬物採取や鉱山開発など殖産興業にも才能を発揮する。秋田蘭画《らんが》の基礎となる洋画法を伝えたり、文学面でも鬱屈した当時の社会や思想に鋭い批判も行なった。

9平秩東作　へずつとうさく

享保十一〜寛政元（一七二六〜一七八九）。江戸中期の戯作者、狂歌師、通称稲毛屋金右衛門。江戸狂歌草創期に参加し、江戸文芸に町人としての先駆者的役割をはたす。田沼政権に接近し、蝦夷で越冬した見聞集『東遊記』や『歌戯帳』がある。

10松崎慊堂　まつざきこうどう

明和八〜天保十五（一七七一〜一八四四）。江戸後期の儒学者。初め朱子学を学んだが、のちに経義に精通した考証学をめざす。詩文にも長じていた。

11大田南畝（四方赤良） おおたなんぽ（よものあから）

寛延二〜文政六（一七四九〜一八二三）。江戸後期の幕臣。のちに蜀山人と名乗る。詩文、狂歌、戯作、洒落本などに通じる。各方面の文人、芸能人と交わり、江戸市民文化の中心的存在であった。

12谷風梶之助 たにかぜかじのすけ

寛延三〜寛政七（一七五〇〜一七九五）。宮城郡出身の江戸後期の横綱。同時期の横綱・小野川との対決は江戸中の人気となった。

13蔦屋重三郎（蔦唐丸） つたやじゅうざぶろう（つたのからまる）

寛延三〜寛政九（一七五〇〜一七九七）。江戸後期の出版業者。時代の嗜好を読み取る企画力に優れ、草双紙、絵本、狂歌本の名作を出版。新人の発掘にも力を注ぎ、曲亭馬琴、十返舎一九のほか、美人画の喜多川歌麿、役者絵の東洲斎写楽などを発掘した。

14唐衣橘洲 からころもきっしゅう

寛保三〜享和二（一七四三〜一八〇二）。江戸後期の狂歌師。古典的温雅やきめの細かい技巧の中におかしさを求めた作風が特色。

15恋川春町　こいかわはるまち
延享元〜寛政元（一七四四〜一七八九）。江戸後期の戯作者、狂歌師、浮世絵師。

16宿屋飯盛（石川雅望）　やどやのめしもり（いしかわまさもち）
宝暦三〜天保元（一七五三〜一八三〇）。江戸後期の狂歌師、戯作者、国学者。四方赤良に入門、狂歌に頭角を現わし、江戸払い復帰後も多数の狂歌本を著す。

17山東京伝　さんとうきょうでん
宝暦十一〜文化十三（一七六一〜一八一六）。江戸後期の戯作者、浮世絵師。天明・寛政期の中心的な戯作者で、のちには読本作者として新天地を築き、考証随筆にも手をそめた。また、絵師としての力量も一流だった。

18式亭三馬　しきていさんば
安永五〜文政五（一七七六〜一八二二）。江戸時代の戯作者。代表作『浮世風呂』『浮世床』では、江戸町人の人情世態を活写。俠客タイプの才人で、化粧水や歯磨き粉の販売でも成功した。

19天明狂歌　てんめいきょうか
狂歌は題材や着想に制約のない短歌で、とくに通俗な機知や滑稽を詠み込んだ。元禄時代には上方で浪花狂歌が流行したが、気質の違いで江戸には普及しなかった。その後、江戸でも川柳や狂詩など軽文学が盛んになり、天明年間に狂歌が大流行した。この江戸の軽妙洒脱な狂歌を、天明調狂歌という。

20石川淳　いしかわじゅん

明治三十二〜昭和六十二（一八九九〜一九八七）。昭和初期の小説家。昭和十二年『普賢』で芥川賞を受賞。続く『マルスの歌』は、反軍国的思想が強いとして発禁処分を受ける。戦後は、太宰治、織田作之助らとともに、無頼派、新戯作派と呼ばれた。

21松平定信の改革

江戸後期、老中松平定信が実施した幕府の政治改革で寛政の改革と呼ばれる。前の老中田沼意次の重商主義的な政策から、農政に重点を置いた行政改革や統制改革を強力に行った。また、思想統制も進め、封建官僚の育成に力を注いだ。

22永井荷風　ながいかふう

明治十二〜昭和三十四（一八七九〜一九五九）。明治、大正、昭和の小説家。『あめりか物語』『すみだ川』などを発表、「耽美派」を代表する作家となる。戯作的態度の中にも反骨精神を貫いた作品が多く『断腸亭日乗』や『濹東綺譚』が代表作。

23幸徳秋水　こうとくしゅうすい

明治四〜四十四（一八七一〜一九一一）。明治時代の社会主義者、無政府主義者。『平民新聞』を創刊したが、大逆事件の首謀者として処刑された。

24大逆事件

社会主義者、無政府主義者に対する明治四十三年（一九一〇）の弾圧事件。天皇暗殺を計画したとして逮捕され、暗黒裁判ののち、幸徳秋水ら十二人が死刑となった。

新書判へのあとがき

――思い返せば、『新宿ゴールデン街』を上梓してから、早や、十七年が過ぎた。執筆時は折からの地上げの真っ最中で、「ゴールデン街は青線時代とは違い、マスコミがあってこそのゴールデン街である。マスコミの諸君、ゴールデン街の灯を消すな！」と、もっと頑張って報道してほしいと、「あとがき」で呼び掛けたものである。それからわが身の回りを――振り向けば、あれもあり、これもあり、そして、あの人も死んだ。――十七年が過ぎたのであった。この移り変わりの烈しさのなかで、あるものは億万長者となり、あるものは自ら首をくくり、そしてある者は、行き倒れ。警察で身元不明扱い寸前のところで偶然にも歯形から身元が判明。死後二週間が過ぎていたという。

――おこがましいことだが、いま新しく「新書」の型をとり、新しい読者を前にしていえることは「変わったなぁー」ということである。なにが変わったか。それは人であり、街であり、いってみれば、わたしの眼に写り、眼が捉えたすべての街並み、街の風景である。

歌舞伎町はメインの靖国通りに沿ったビルの建物を除けば、ほぼ、木造二階建ての店舗兼住居であった。経営者は九割方が日本人で兄弟は、皆、かつては東洋一を誇った明治通りに面した花園神社の横、区立四谷第五小学校に通うといった日常の生活のサイクルがあった。その小学校も廃校になって久しい。

「新宿がよいのかどうか、私は、ほかの町をよく知らないのでわかりませんが、どこの町がよいかと聞かれると、やはり新宿が一番よいと答えます。（略）私がおとなになった時の新宿を想像すると、高いビルばかりになって、ふつうの家は一軒もなくなるような気がします。そうしたら郊外にすんで、たまに新宿に遊びに来たい、と思います」

三十五年前、区立四谷第五小学校が開校九十五周年を迎えたときの五年女子の作文である。少女の想像力は鋭い。当に、ふつうの家の一軒もない、悪い方向で高いビルだけの〝街〟になってしまった。

現在、歌舞伎町のなかでわたしが二十歳のころの三十五年まえからの知り合いの店で変わらずに同じ商売で営業しているのはほんの僅かである。屢々《しばしば》テレビに出てくる大衆食堂「つるかめ」、お茶屋の「藪茶軒」。そして、その昔、わたしがアルバイトをしていたクラシック喫茶の「スカラ座」と、ほんの数件を数えるに過ぎない。……と、原稿を書いたところで夕刊を覗くと、その「スカラ座」が、二〇〇二年十二月三十一日大晦日をもって五十年の歴史の幕を閉じる――と、社会面トップで「ツタの絡まる喫茶店」を写真入りで大きく紙面を割いて取り上げている。姉妹店の〝うたごえ酒場〟「カチューシャ」は昨年の暮れに一足早く幕を下ろしている。「カチューシャ」も「スカラ座」も開店はともに一九五四年であった。開店のキャッチフレーズは「早稲田大学」＝「新宿」＝「学生の街・新宿」であった。「うたごえ運動」は六〇年安保闘争の高まりとともに学生、労働者を中心にアッというまに全国に拡がりをみせた。「カチューシャ」は「うたごえ運動」の声が起こるや他の店に先駆けて「うたごえ運動」を下から支えるその運動の下部構造の一翼を担ったのであった。また、わたしが世話になった新宿三丁目の寄席「末広亭」の横並びにあった「モッサン」も昨年の十月を以て店を閉じた。「モッサン」のママも「ノアノア」時代を加えると五十年の歴史である。

――また、わたしが新宿で、とくに、世話になった歌舞伎町の現在、豚カツ「新村」の向かいにあった、元喫茶店「スリーコーナー」のオーナーは、五年前に六階のビルごと権利を台湾の経営者に譲った。二代目であった。皮肉にも、わたしとともに

「スリーコーナー」で働いていた現在「池林房」の大田社長は、二〇〇二年十二月新宿三丁目の明治通りの前に十階建てのTOビルを竣工させた。地下鉄丸の内線新宿三丁目の丁度出口である。これもオーナーの世代交代である。皮肉といえば、昨年の四月三十日で七十年の歴史を閉じた三本立て映画館「昭和館」は只今解体工事中である。

——二〇〇〇年の暮れごろからゴールデン街にも世代交代の〝新風〟が吹き始めた。それは身内の側からみれば、わたしたちが一番恐れていた自然崩壊という現象であった。それは隣近所の店を不動産屋と組んで地上げをした店の経営者の高齢化とそれに伴う後継者不足と、営業者自身の「死」を意味していた。

——この街は「おんなの街」なのである。二度も、三度も売られた身で這い上がってきた「おんな」の経営者の街である。いわずと知れたこと、当然に後継者はいない。後継者は金に任せて豪華にも外国暮らしと洒落込んでいる。大豪邸の家は「故郷」に買ってあるし、もう欲しいものはないわ、あとは孫にベンツを買ってあげるのがわたしの夢。——これが〝チリ〟ならぬ日本のアニータ婆さんの夢であった。ところがどうした因縁か、あの店も、この人も、……と、アレヨ、アレヨ、と見る間に、コロリ、コロリと数億円の札束を抱えて死んでいったのである。またしても、この街にポツリ、ポツリと空き家が目立ち始め、日増しに一軒二軒と街の灯りが消えていった。ところが、新聞、雑誌、テレビなど、あるいは街の噂話などに、銀座の老舗、文壇バー、有楽町の老舗のバー、四谷荒木町の文壇バー、新宿の文壇バー（大江健三郎がノーベル賞を貰ったおかげで潰れた店もある）と悉《ことごと》く、バブルと客と経営者の高齢化の影響で五十年、六十年の歴史に店仕舞い、という記事がやたらと多く眼に付くようになった。もちろん、野坂昭如の『文壇』が影響する筈はない。

そんな時期、わたしが、末期の食道癌で入院し――自宅療養をしている間に――、二〇〇一年の暮れごろから消えた灯りを一気に点して盛りかえすかのように若者の店がふえ始めた。考えてみれば、かつて、この街も、わたしたちが店を開いた三十数年まえと寸分も違わずに同じ現象が起きているのである。その現象が再び始まっただけの話である。珍しい話ではない。そして、この「文壇」バーを中心とした文化現象の衰退は銀座も四ッ谷も新宿も同じ宿命を背負っているということでもある。懐かしさだけでも残っていればそれだけで充分というものだ。

――たしかに、確実に六〇年代、七〇年代を代表とした「新宿文化」の「文学」、「芸術」は終焉したのである。

――さて、稀《まれ》にみる「新宿文化」は今後、「ゴールデン街」から生まれるかどうか。どうやら後継者は出来つつある。

――この度のカメラはハイビジョン・カメラ。またぞろ、回り始めたようだ。

最後に、新しい「ゴールデン街」の世代交代が猛烈な勢いで進んでいる今日、版が絶えて久しい小著が「新書版」で甦るのは、なにはともあれ、じつに嬉しい。「新書」にするに当たっては、江戸時代関係の文章には若い読者の便宜のために多少の注をつけ加えた。それに、ゴールデン街に係わる「風月堂」に関する文章を付録として新たに三編加えた。かれこれ欠点の数々をも含めて、著者自身、一方ならぬ愛着を覚えつづけてきた小著がようやく甦ったいま、先版の晶文社版でお世話になった、現在、和光大学教授の津野海太郎氏、秋吉信夫氏、それに建築家の石山修武氏の尽力にたいし改めて感謝する。そして、取材中「おんなの街」の町中のおんなの人たちを取りなしてくれた人々、インタビュー、写真の資料などの貸し出しを快く引き受けてくれた方々はすでに全員が亡くなられた。心から冥福を祈るのみである。

さらに、埋もれさせておくには忍びないと出版を再三薦めてくれた「ふゅーじょんぷろだくと」の社長・才谷遼氏に心からの謝意を表したい。


二〇〇二年十二月末日。世代交代を目の当たりにして記す。

渡辺英綱

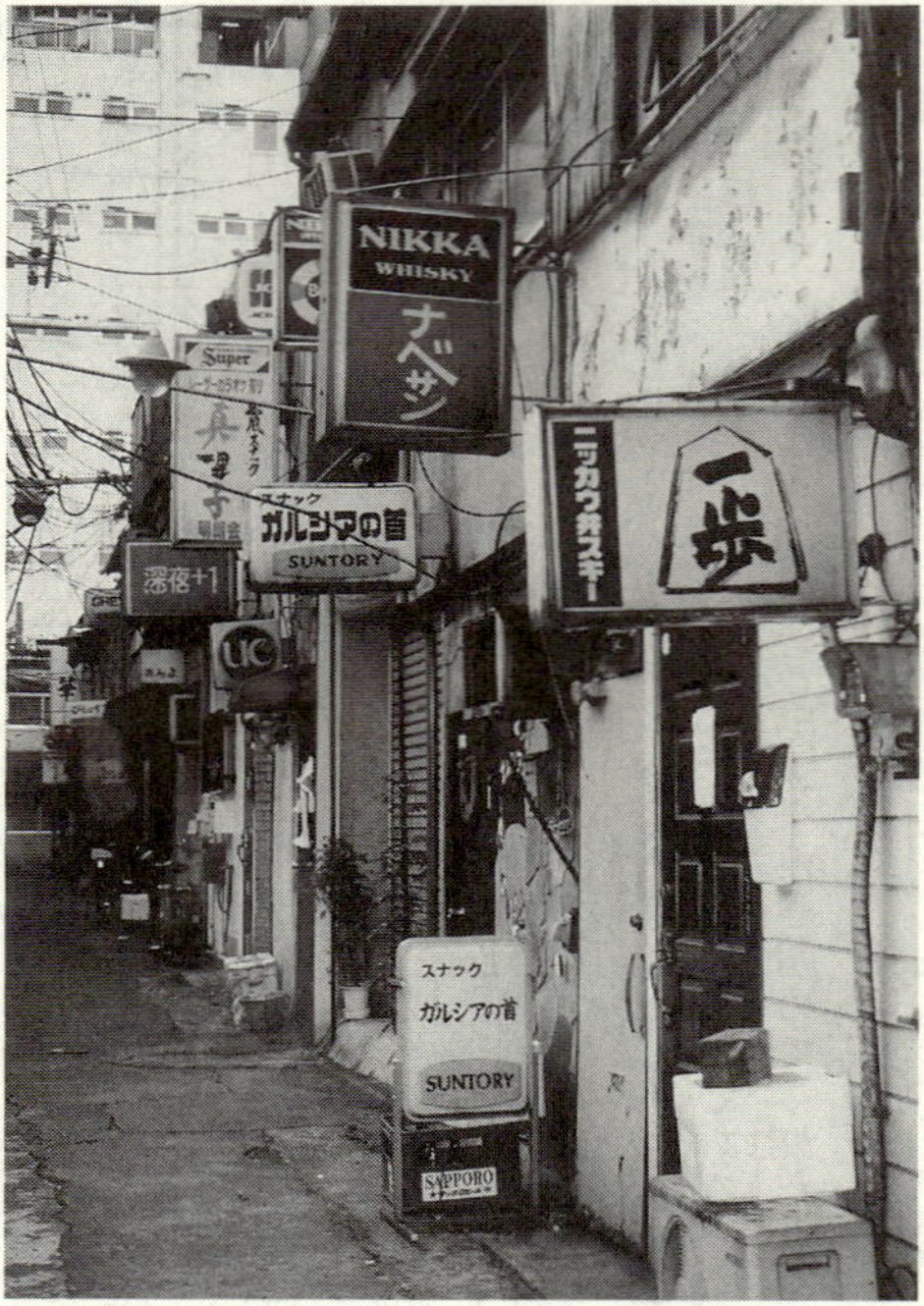

NIKKA
WHISKY
ナベサン
スナック
ガルシアの首
SUNTORY
深夜+1
ニッカウヰスキー
一歩
Super
UC
スナック
ガルシアの首
SUNTORY
SAPPORO

■参考文献一覧

古屋能子『新宿は、おんなの街である。』第三書館　一九八四年
神成志保『わたしの酒亭　新宿「秋田」』文化出版局　一九八〇年
伊東聖子『新宿物語』三一書房　一九八二年
中野栄三『廓の生活』雄山閣出版　一九八一年
『近代庶民生活誌②盛り場・裏街』三一書房　一九八四年
田辺茂一『わが町　新宿』旺文社　一九八一年
宮本常一『忘れられた日本人』岩波文庫　一九八四年
三谷一馬『江戸吉原図聚』立風書房　一九七七年
谷川健一『近代民衆の記録3娼婦』新人物往来社　一九七一年
古茂田信男・島田芳文・矢沢保・横沢千秋『日本流行歌史』社会思想社　一九七〇年
古茂田信男・矢沢保・島田芳文・横沢千秋『日本流行歌史　戦後編』社会思想社　一九八〇年
今和次郎『考現学』ドメス出版　一九七一年
安藤更生『銀座細見』中公文庫　一九七七年
野口冨士男『感触的昭和文壇史』文藝春秋　一九八六年
森崎和江『からゆきさん』朝日新聞社　一九八〇年
森泉笙子『新宿の夜はキャラ色』三一書房　一九八六年
西沢爽『雑学歌謡昭和史』毎日新聞社　一九八〇年
新吉原女子保健組合『明るい谷間』一九七三年
奥村泰宏　東野伝吉『敗戦の哀歌』有隣堂　一九八一年

葛井欣士郎「戦後文化その磁場の透視図」『調査情報』東京放送　一九八四年八月号
「現代ヤクザの徹底研究」『創』創出版　一九八五年六月号
池田憲一『昭和流行歌の軌跡』白馬出版　一九八五年
野坂昭如『新宿海溝』文藝春秋　一九七九年
広末保『辺界の悪所』平凡社　一九七三年
広末保『遊行・悪場所』未来社　一九七五年
芳賀善次郎『新宿の散歩道』三交社　一九七二年
芳賀善次郎『新宿の今昔』紀伊國屋書店　一九七〇年
『新宿区史』新宿区役所　一九五五年
『新修新宿区史』新宿区役所　一九六七年
『四谷警察署史』警視庁四谷警察署　一九七六年
武蔵国豊島郡戸塚村『中村家文書目録』新宿区中央図書館郷土資料室　一九七四年
『新編武蔵風土記稿三多摩編』千秋社　一九八一年
関根弘『現代詩文庫25』思潮社　一九六九年
前田愛『テクストとしての都市』學燈社　一九八四年
下川耿史『昭和性相史・戦前戦中篇』『昭和性相史・戦後篇上』『昭和性相史・戦後篇下』伝統と現代社　一九八〇—一九八一年
ヴァルター・ベンヤミン『都市の肖像』晶文社　一九七五年
関根弘『新宿詩集』土曜美術社　一九八〇年
猪俣津南雄『窮乏の農村』岩波書店　一九八二年
川添登『都市空間の文化』岩波書店　一九八五年
川添登『東京の原風景』NHKブックス　一九七九年
スティーヴ・ブラッドショー『カフェの文化史』三省堂　一九八四年
深作光貞『新宿考現学』角川書店　一九六八年

松永伍一『子守唄の人生』中公新書　一九七六年
松永伍一『ふるさと考』講談社　一九七五年
松永伍一『日本の子守歌』紀伊國屋書店　一九六四年
加太こうじ『東京の原像』講談社現代新書　一九八〇年
結城昌治『俳句つれづれ草―昭和私史ノート』朝日新聞社　一九八五年
横山源之助『日本の下層社会』岩波文庫　一九四九年
村上護『四谷花園アパート』講談社　一九七八年
『日本残酷物語―引き裂かれた時代』平凡社　一九六〇年
西口克己『廓』東邦出版社　一九六九年
岡留安則＋荒木経惟『新宿よ！』青峰社　一九八四年
渡辺克己『新宿群盗伝』晩聲社　一九八二年
荒木経惟『東京は、秋』三省堂　一九八四年
野村敏雄『新宿裏町三代記』青蛙房　一九八二年
橋本千代吉『火の車板前帖』文化出版局　一九七六年
『新宿経営学』ダイヤモンド社　一九七八年
国友温太『商業の街・新宿』新宿区商店会連合会　一九八一年
磯田光一『思想としての東京―近代文学史論ノート』国文社　一九七八年
関根弘『わが新宿！』財界展望新社　一九六九年
猪野健治『東京闇市興亡史』草風社　一九七八年
中島健蔵『回想の戦後文学』平凡社　一九七九年
『日本残酷物語―貧しき人々のむれ』平凡社　一九五九年
神崎清『売春』現代史出版会　一九七四年
『新宿「利佳」の二十年』文藝春秋事業出版コーナー　一九七八年
波木井皓三『大正・吉原私記』青蛙房　一九七八年

山崎朋子『火種はみずからの胸底に』筑摩書房　一九七四年
鷹山たか子『遊里』郁朋社　一九八五年
安田武・福島鑄郎『ドキュメント　昭和二十年八月十五日　占領下の日本人』双柿舎　一九八四年
朝日ジャーナル編『女の戦後史Ⅲ』朝日選書　一九八五年
糸井しげ子「日本ムスメの防波堤」『りべらる』一九五四年十一月刊に初出、のち安田武・福島鑄郎『証言昭和二十年八月十五日』所収　新人物往来社　一九七三年
「都市生活と短歌」『短歌現代』一九八四年三月号
滝田ゆう『昭和ながれ唄』旺文社文庫　一九八三年
『新宿「あづま」』審美社　一九七六年
斎藤龍鳳『なにが粋かよ』創樹社　一九七二年
秋山邦晴・いいだもも他『文化の仕掛人―現代文化の磁場と透視図』青土社　一九八五年
白浜研一郎『わが戦後演劇放浪記』三一書房　一九八〇年

参考資料　ゴールデン街店舗リスト（1986年当時）

店名	代表者	所在地		業種
ナナ	新燿子	歌舞伎町	1-1-8	飲食
つばき	除正順	〃	1-1-8	飲食
菊水	中土井基澄	〃	1-1-8	飲食
のり子	三浦明美	〃	1-1-8	飲食
華	今村京子	〃	1-1-8	飲食
さのさ	長崎由美子	〃	1-1-8	飲食
ひしょう	長谷百合子	〃	1-1-8	飲食
幌馬車	山崎真	〃	1-1-8	飲食
幸	村田俊子	〃	1-1-8	飲食
トパーズ	丸山勝康	〃	1-1-8	飲食
雨晴	鈴木歌子	〃	1-1-8	飲食
ビッチ	前川実	〃	1-1-8	飲食
GHETTO	前川実	〃	1-1-8	飲食
裕子	篠原ヨシ子	〃	1-1-8	飲食
あんよ	森成章	〃	1-1-8	飲食
深夜＋1	内藤陳	〃	1-1-8	飲食
真理子	橋詰武春	〃	1-1-8	飲食
BUOY	松本俊治	〃	1-1-8	飲食
ガルシアの首	谷沢恵美子	〃	1-1-8	飲食
ナベサン	渡辺英綱	〃	1-1-8	飲食
ふらて	吉井広光	〃	1-1-8	飲食
サーヤ	高谷睦子	〃	1-1-8	飲食
ロンリー	新井和彦	〃	1-1-8	飲食
キク	目黒キクエ	〃	1-1-8	飲食
ジュネ	安倍源	〃	1-1-8	飲食
折鶴	高橋敏雄	〃	1-1-8	飲食
美紗	水戸部房乃	〃	1-1-8	飲食
すこっつ	中原広勝	〃	1-1-8	飲食
かをる	益子千代	〃	1-1-8	飲食
奈美	江間一枝	〃	1-1-8	飲食
ジュテ	川合知代	〃	1-1-8	飲食
ニューさそり	岡崎登美	〃	1-1-8	飲食
WHO	鎌田典子	〃	1-1-8	飲食
トロアバレー	宮川久美子	〃	1-1-8	飲食

よこみち	桐生憲夫	歌舞伎町	1-1-8	飲食
ひばり	岡村滋	〃	1-1-8	飲食
ゴールデンダスト	中村以久子	〃	1-1-8	飲食
	母袋久子	〃	1-1-8	
どーる	上林昭子	〃	1-1-8	飲食
春駒	松田正	〃	1-1-8	飲食
夕顔	斎藤千津子	〃	1-1-8	飲食
道	河島道弘	〃	1-1-8	飲食
ポプラ	南利幸	〃	1-1-8	飲食
和	斎藤和吉	〃	1-1-8	飲食
グレ	瀬下茂子	〃	1-1-8	飲食
花嫁	駒かづ江	〃	1-1-8	飲食
文庫屋	黒崎登美子	〃	1-1-8	飲食
みゆき	荒井利雄	〃	1-1-8	飲食
さるがっそう	久保田昇	〃	1-1-8	飲食
シャドウ	志野哲寛	〃	1-1-8	飲食
美松	吉田秀雄	〃	1-1-7	飲食
ヴァイオレット	田村タケ	〃	1-1-7	飲食
ひめ	通川順子	〃	1-1-7	飲食
愛	通川順子	〃	1-1-7	飲食
酒乱童ベルジュラック	井原啓治	〃	1-1-7	飲食
淵	岩淵和恵	〃	1-1-7	飲食
ラジャー	安田進	〃	1-1-7	飲食
チャコ	杉本次弘	〃	1-1-7	飲食
カボシャール	谷岡祐輔	〃	1-1-7	飲食
スエズ	篠原公雄	〃	1-1-7	飲食
花梨	荒木友子	〃	1-1-7	飲食
キミ	中井キミコ	〃	1-1-7	飲食
何故哥	斎藤勲	〃	1-1-7	飲食
ルル	金野栄久夫	〃	1-1-7	飲食
Suzie Q	柏倉隆夫	〃	1-1-7	飲食
ガルガンチア立花	石橋幸	〃	1-1-7	飲食
ぜむりあんか	日高三千代	〃	1-1-7	飲食
ミドリ	加納緑子	〃	1-1-7	飲食
港	大海庄寿	〃	1-1-7	飲食
コンチャ	国崎久子	〃	1-1-7	飲食
フランセ東京店	柳田留吉	〃	1-1-7	飲食
あぶさん	森山紀子	〃	1-1-7	飲食

トミー	赤坂とみ子	歌舞伎町	1-1-7	飲食
ロベリヤ	斎藤千代子	〃	1-1-7	飲食
富士娘	野口フミ	〃	1-1-7	飲食
銀世界	斎藤包子	〃	1-1-7	飲食
まえだ	前田孝子	〃	1-1-7	飲食
佐々江	町田貞江	〃	1-1-7	飲食
五番街	加藤菱子	〃	1-1-7	飲食
オスカー	進藤まつ子	〃	1-1-7	飲食
イメージ	小林春子	〃	1-1-7	飲食
Ben	鈴木美喜	〃	1-1-7	飲食
ぺんぎん村	摩中田眞由美	〃	1-1-7	飲食
Grey	小林幸子	〃	1-1-7	飲食
チェリーアイランド	小倉辰男	〃	1-1-7	飲食
サモアール	金井イネ	〃	1-1-7	飲食
さち	大久保幸子	〃	1-1-7	飲食
かりこ	綿貫次夫	〃	1-1-7	飲食
銀河系	大野和子	〃	1-1-7	飲食
キク	目黒キクエ	〃	1-1-7	飲食
ぼだい樹	宮本美樹	〃	1-1-7	飲食
若柳	吉田すみ江	〃	1-1-7	飲食
純	青木敏純	〃	1-1-6	飲食
多古八	萬羽イチ	〃	1-1-6	飲食
真紀	柳田敏雄	〃	1-1-6	飲食
ぎょろ	奥山彰彦	〃	1-1-6	飲食
窓	奥田泰子	〃	1-1-6	飲食
せっちゃん	斎藤セツ子	〃	1-1-6	飲食
長崎	斎藤包子	〃	1-1-6	飲食
奥亭	奥山彰彦	〃	1-1-6	飲食
マガジンハウス	岡留安則	〃	1-1-6	飲食
蔵王	海鋒睦	〃	1-1-6	飲食
パイントリー	大沢昇	〃	1-1-6	飲食
レカン	大澤竜治	〃	1-1-6	飲食
桜島	鬼塚幸子	〃	1-1-6	飲食
ロンジン	安井ツネ子	〃	1-1-6	飲食
赤茄子	平松共子	〃	1-1-6	飲食
二都物語	久保田昇	〃	1-1-6	飲食
あり	川鍋燿子	〃	1-1-6	飲食
大隅	細谷スミ	〃	1-1-6	飲食

水穂	久保田サカエ	歌舞伎町	1-1-6	飲食
あしあと	久保田サカエ	〃	1-1-6	飲食
綾	斎藤綾	〃	1-1-6	飲食
喜代	多田きよ	〃	1-1-6	飲食
白樺	大国カネ子	〃	1-1-6	飲食
りか	加藤俊夫	〃	1-1-5	飲食
月見	矢花はるみ	〃	1-1-5	飲食
との山	下平章夫	〃	1-1-5	飲食
鐵水母	大倉和弘	〃	1-1-5	飲食
じゅりあんそれる	大倉なみ子	〃	1-1-5	飲食
青梅雨	久保田昇	〃	1-1-5	飲食
ロン	田島博己	〃	1-1-5	飲食
ひろみ	後藤浩美	〃	1-1-5	飲食
よさこい	国吉敦雄	〃	1-1-5	飲食
きよし	田中ユキ	〃	1-1-5	飲食
琴	大関モト	〃	1-1-5	飲食
中ちゃん	木浪玉代	〃	1-1-5	飲食
ジン	谷口英男	〃	1-1-5	飲食
かっぱちゃん	内藤良助	〃	1-1-6	飲食
アカネ	勝又すみ子	〃	1-1-6	飲食
おきな	翁スミ	〃	1-1-6	飲食
異邦人	大竹信子	〃	1-1-6	飲食
美香	出町静江	〃	1-1-6	飲食
たぐち	田口貫一郎	〃	1-1-6	飲食
カルド	稲垣ふみ子	〃	1-1-6	飲食
K	鈴木恵三	〃	1-1-6	飲食
待夢	滝井芳枝	〃	1-1-6	飲食
バンビ	小島悦子	〃	1-1-6	飲食
奈々津	大久保ゑん	〃	1-1-6	飲食
木まり	森田實	〃	1-1-6	飲食
ミッキーハウス	柏倉隆夫	〃	1-1-5	飲食
まさこ	鈴木富弥	〃	1-1-5	飲食
友	青田満幸	〃	1-1-5	飲食
青梅雨その2	久保田昇	〃	1-1-5	飲食
洗濯船	吉成由貴子	〃	1-1-4	飲食
喜多川	寺田スマ子	〃	1-1-7	飲食
	伊東玄太郎	〃	1-1-5	
	橋本和夫	〃	1-1-5	

魚繁	野口繁雄	歌舞伎町	1-1-4	鮮魚
三光ランドリー	上野新太郎	〃	1-1-3	クリーニング
春山医院	春山広輝	〃	1-1-3	医院
たる扇	垂石道夫	〃	1-1-10	飲食
シード	斎藤種之	〃	1-1-10	バー
鳥久	中森崇登	〃	1-1-9	焼鳥
園	大野新一	〃	1-1-9	バー
石の花	森田虹一	〃	1-1-10	バー
かつら	南博	〃	1-1-10	バー
あれくれっと	野村栄	〃	1-1-10	バー
おはら	白坂則夫	〃	1-1-10	バー
ノブ	佐々木信子	〃	1-1-10	バー
がまぐち	柳原修	〃	1-1-10	バー
ロマンス	野口昭	〃	1-1-10	バー
いこい	松岡敏江	〃	1-1-10	バー
V	中野成美	〃	1-1-10	バー
○羅治	山本謙一郎	〃	1-1-10	バー
とまり木	佐々木スミ	〃	1-1-10	バー
夕月	河野千恵子	〃	1-1-10	バー
ぴをれ	伊東町子	〃	1-1-10	バー
都	近納光子	〃	1-1-10	バー
海っ子	橘萬智子	〃	1-1-10	バー
突風	柴田秀勝	〃	1-1-10	バー
仔ぶた	舟橋恵美子	〃	1-1-10	バー
ウオターランド	魚田元生	〃	1-1-10	バー
ヒロ	林弘子	〃	1-1-10	バー
ぼっこ	大久保イネ子	〃	1-1-10	バー
まこ	石原やよい	〃	1-1-10	バー
藻奈美	北野美代子	〃	1-1-10	バー
タルタル	小林隆子	〃	1-1-10	バー
ポニー	工藤妙子	〃	1-1-10	バー
BON'S	柏倉隆夫	〃	1-1-10	バー
ハンフリー	岩城満	〃	1-1-10	バー
熊の子	橘内己智子	〃	1-1-10	バー
ランプ亭	金沢芳子	〃	1-1-10	バー
なますて	川村洋二	〃	1-1-10	バー
ニューひろ	宇津木八重子	〃	1-1-10	バー
フクちゃん	樋口明	〃	1-1-10	バー

のんちゃん	林原規子	歌舞伎町	1-1-10	バー
花の木	永末和子	〃	1-1-10	バー
つばめ	山本美木枝	〃	1-1-10	バー
吐夢	林暁美	〃	1-1-10	バー
へいき村	堀内ひろ子	〃	1-1-10	バー
大臣	大槻俊明	〃	1-1-10	バー
7. 1	長島茂子	〃	1-1-10	バー
すぷりんぐ	森晴美	〃	1-1-10	バー
シェルルーム	鈴木米子	〃	1-1-10	バー
ばってん	本田道子	〃	1-1-10	バー
唯尼庵	太田喜代子	〃	1-1-10	バー
シラムレン	大塚茂	〃	1-1-10	バー
フレンド	仲武登美子	〃	1-1-10	バー
メール	秋山仁子	〃	1-1-10	バー
ami	秋月美智子	〃	1-1-10	バー
パール	安西志麻	〃	1-1-9	バー
百	磯田百世	〃	1-1-9	バー
かなぶん	大畑亘	〃	1-1-9	バー
綾	斎藤イヨ	〃	1-1-9	バー
りょう	和田厚	〃	1-1-9	バー
クラクラ	外波山文明	〃	1-1-9	バー
からす	山田スイ子	〃	1-1-9	バー
桂	中島稔	〃	1-1-9	バー
キリ	山本勲	〃	1-1-9	バー
ダンさん	渋谷時子	〃	1-1-9	バー
悠	田中敏雄	〃	1-1-9	バー
無酒	福本昌躬	〃	1-1-9	バー
次男坊	宗像孝一	〃	1-1-9	バー
ワカバ	三井セツ子	〃	1-1-9	バー
10cc	櫛田美奈子	〃	1-1-9	バー
世津子	森口節子	〃	1-1-9	バー
プーさん	太田嵩子	〃	1-1-9	バー
鳥よし	中里一郎	〃	1-1-9	バー
L	飯野一雄	〃	1-1-9	バー
BAR 双葉	萩原幸子	〃	1-1-9	バー
久絽	小田芳子	〃	1-1-9	バー
うるわし	金良礼	〃	1-1-9	バー
しの	篠田三代子	〃	1-1-9	バー

こどじ	小野大夫	歌舞伎町	1-1-9	バー
エスパ	野見山さと子	〃	1-1-9	バー
ダダ	石倉久子	〃	1-1-9	バー
しま	島田政子	〃	1-1-9	バー
澤	澤田福満	〃	1-1-9	バー
ローレンス	田中英子	〃	1-1-9	バー
奈津芽	奥田正之	〃	1-1-9	バー
ひな	秋本ルリ子	〃	1-1-9	バー
ぶん	岡田佳子	〃	1-1-9	バー
花嵐舘	千葉文子	〃	1-1-9	バー
あるぱか	青木照男	〃	1-1-9	バー
こう路	辻美佐子	〃	1-1-9	バー
Sargasso sea	福田都	〃	1-1-9	バー
井々田	飯田静子	〃	1-1-9	バー
アートバロック	雪竹久子	〃	1-1-9	バー
寓	園八雲	〃	1-1-9	バー
彩	松田貞子	〃	1-1-9	バー
トウトウベ	安田有	〃	1-1-9	バー
ランバン	中野八重子	〃	1-1-9	バー
だかーぽ	田代民枝	〃	1-1-9	バー
マイラブ	金子かよ	〃	1-1-9	バー
南海	山下南海	〃	1-1-9	バー
友	加藤やよい	〃	1-1-9	バー
恵子	松田輝子	〃	1-1-9	バー
さつき	中村幸月	〃	1-1-9	バー
ジョージ	田中金次	〃	1-1-9	バー
スター	柏木ミツ	〃	1-1-9	バー
伊藤タバコ店	伊藤寿胡	〃	1-1-9	煙草

［注］このリストは1986年当時のものであり、店名等、現在とは異なる場合もある。しかし、ゴールデン街を知る資料として、あえて当時のまま収録した。

※　現在の店舗リストについては、新宿三光商店街振興組合公式ホームページ（http://goldengai.jp/）等をご覧ください。

解説　新宿ゴールデン街、三度目の変化の時期に

新宿ゴールデン街「ナベサン」現店主
渡辺ナオ

「新書版へのあとがき」を読み返し、一四年前（二〇〇二年）のゴールデン街はもう既に変わりつつあったのか、と改めて思う。故渡辺英綱（元「ナベサン」店主で私の主人でもある。以後「ナべさん」と呼ぶ。店は、彼の死後私が引き継いだ）は街の本質的な変化を見逃さず、感じていたようだ。末期の食道癌に冒されながら、新宿の風景を、ゴールデン街をギロリと見ていたのか、と思う。「あとがき」を書いた五ヵ月後には、闘病一年半の治療の甲斐なく、亡くなったのである。享年五六歳。

私がゴールデン街に来たのは一九九四年六月くらいだと記憶する。初めて連れて来られた店が「ナベサン」で、二一歳だった。街の雰囲気も今とはだいぶ違っていた。当時はネオン看板の半分以上に明かりが点いておらず、人通りもなく、店入り口には二軒に一軒くらいの割合でベニヤが打ち付けられ建設会社の名が乱暴にペイントさ

れ、森閑としていた。そんななか、カーテンの内から覗く赤色電灯が印象的で、ドアの前に立ったり椅子に腰掛けたりする女性、所謂キャッチさんが意外と多かった。今の「まねき通り」縦のラインは、軒並み女性が男性客を引いていた。

これが青線の名残なのか、本で読んだことのある世界だ!!　と思ったものである。彼女たちは五〇～六〇歳前後の方ではないかと思っていたが、じつはもっと高齢の方もいらっしゃったことが後にわかった。そんな店が二〇～三〇軒はあったように思う。店の数は全体で一四〇軒ほどだったろうか。ピーク時にはゴールデン街に店が二七〇軒ほどあったというから、半分あまりに減っていたのだ。

晶文社版『新宿ゴールデン街』は、地上げが始まった一九八四年に書き出され、一九八六年に出版されている。「おわりに」（本書二六四ページ）には、日本の高度経済成長に伴ったバブルが新宿にも及び、不動産屋の下請けの暴力団による地上げ強行のための最終手段と目された「放火」を阻止する目的で、ゴールデン街に「自警団」が結成されたエピソードが載っている。街の先行きが危ぶまれ始めた当時、お客であった晶文社の編集者津野海太郎さん、建築家の石山修武さんと、記録として新宿を書き残さなくてはという危機感をナベさんが共有したことで、本書の企画は始まったようだ。お店を始めて一五年目、ナベさんが三八歳の時だ。一九七六年に佐木隆三さんが

『復習するは我にあり』で直木賞受賞の報をゴールデン街で受け取ったときのマスコミ報道により、ゴールデン街が全国区になった頃とはずいぶん様変わりしたわけだ。「おわりに」には、前述の内容とともに、店主とお客の関係を超えてナベさんが付き合ってきた作家の長谷川四郎さんや演劇批評家の小苅米晛の名前が見える。これを書いた八六年当時、長谷川さんは病床に臥し、小苅米さんは四一歳で亡くなってすでに数年が経っていた。

バブル崩壊後は、「ナベサン」の経営も大変不振となった。私がゴールデン街にやってきた一九九四年は、ナベさん四六歳、お店を始めて二三年目にあたり、バブルが弾け地上げをした不動産屋も潰れ、土地はいわゆる「塩漬け」状態だった。そういうなかナベさんは孤軍奮闘していたわけだが、ゴールデン街の有名人として言わずと知れた田中小実昌さんや俳優の山谷初男さんを時々見かけ、なんとなく安心していた私とは対照的に、敬愛していたお客さんを一人また一人と亡くしたナベさんは「つまらない」「刺激が無い」とこぼしている日々であった。二〇歳の私にはナベさんが口にする人物像、固有名詞がチンプンカンプンだった。

美空ひばりがイラストレーター黒田征太郎《せいたろう》に連れられアカペラで一曲歌ったという伝説が残り、力道山が用心棒のようにそこにいて、岡本太郎などが通ったゴールデン街の有名バー「プーさん」は、地上げが始まって早々に職安通りに移転した。新宿花園界隈に三軒も店を展開していたバー「モッサン」は新宿三丁目の末広亭隣のビル三階の一軒だけとなり、文壇バー「まえだ」もママの死後閉店していた。ナベさんのカラオケ仲間であった作家の中上健次は一九九二年に腎臓癌で亡くなり、「ナベサン」で一九歳から数年間アルバイトをしていた芥川賞作家李良枝も、同年三七歳で鬼籍に入られていた。ナベさんの兄貴分で、せりか書房の編集者だった久保覚は九九年に亡くなった（小刈米晛《こがりまいけん》についての文章〈二六五ページ〉を書いた文化人類学者の山口昌男さんも、二〇一三年に鬼籍に入られた）。

一九九四年にナベさんが著した『国際都市新宿で何が起きているか』（岩波ブックレット）は現在の国際都市化した新宿をある意味で予言した本だったが、ナベさんですら、ゴールデン街が世界の観光地になっている状況までは想像しえなかったであろう。今のゴールデン街は作家や文化人が夜な夜な飲んでいる街、ではなく、外国人観光客が七割を占める店もある街である。外国人観光客が一年に一組ほどしかやって来ない時期もあった「ナベサン」でも、今は日に約一組の割合で外国人客が店を覗く。ほぼ日本語は解さない。こんなことはここ五年くらいの現象だろう。とはいえ、椅子に座る人は一割にも満たない。私は人種や言語でお客さんを差別する気はさらさらない。私の下手な英語で説明するチャージのルールが通じれば、椅子に座って皆で話し、楽しい時を過ごして帰ってもらいたい。しかし、と思う。人間関係の蓄積がなければ、文化は生まれないんじゃないか、と。仮に私の語学力がもう少し達者でも、通りすがりの観光客が七割を占めるバーを経営できるだろうか、否、したいだろうか。「商売」として勝負するならゴールデン街でなくて良いのではないか。飲んでもらって会話もせず、お金をもらう「商売」が私にはできない。少なくても「ナベサン」では。

ゴールデン街観光地化の背景には、二〇二〇年オリンピックに向けたPRや、政府の掲げる観光立国の誘致合戦があろうが、思うに、カウンターが一〇席にも満たない狭い店の七割が観光客ならば、常連客は居着かないだろう。店主と常連が作る飲み屋文化、それしかゴールデン街には無いのだけれど、客とも友達とも家族ともつかないへんてこな関係をゴールデン街では常連と呼ぶ。その関係が織りなす綾のない店は面白くも何ともないのではないか。店主と常連、あるいは常連同士で培ってきた不思議な底力が、例えば、喧嘩はするが、どこかで誰かがしっかり止める、殺人事件には達しないという事実につながっていないか。

六〇年安保世代も団塊世代も全共闘世代も、経営者の世代交替がはっきりしてきた昨今、「常連難民」（私の命名）とでもいう現象が起きている。この現象の負の側面として危惧されるのが、抑制の効かない人間関係が原因で揉め事が多くなる可能性だ。こんな話になるとまだまだ書く事はあるので、どこかで筆を擱かなくては。

新書版（ふゅーじょんぷろだくと刊）が出たのは晶文社版の刊行から一八年後の二〇〇三年。ナベさんの死もさることながら、ナベさんと同世代の店主、名物ママやマスターの死がたび重なると同時に、新借家法（定期借家契約）が成立して地主が物件を貸し始めた。新しい店主による出店がポツポツと始まったことで、この年以降のゴールデン街の変化は大きかった。

今年（二〇一六年）もまた、右に述べたような観光地化に加え、五月四日昼間の十四軒が焼けた火事が生中継され、丸二日間ニュース映像が流れ、ゴールデン街が奇しくも再び全国区になったことで、今後のさらなる変化を感じさせる年である。

晶文社版、ラピュタ新書版を経た今回の講談社＋α文庫版の刊行を前に、ゴールデン街の変化の時期を、その都度出版社が見つけてくれている、という思いを強める。「新書版へのあとがき」でナベさんは街の世代交代に対し次のように書いた。「考えてみれば、かつて、この街も、私たちが店を開いた三十数年前と寸分も違わずに同じ現象が起きているのである。その現象が再び始まっただけの話である。（中略）確かに、確実に六十年代、七十年代を代表とした「新宿文化」の「文学」、「芸術」は終焉したのである。――さて、稀に見る「新宿文化」は今後、「ゴールデン街」から生まれるかどうか。どうやら後継者は出来つつある」と。

ナベさんは常々言っていた。俺の書いた『新宿ゴールデン街』は一〇〇年残る本だ！　と。最初の版が出てから最早三〇年が過ぎたが、まだこの本に需要がありそうですよ、ナベさん。懐古的になってもしょうがない。「転がる石には苔も生えぬ」ということわざのように、常に動いている街であるゴールデン街は、変化を受け入れることで新鮮であり続ける街だろう。

二〇一六年九月末日　朝日が昇りはじめたころ

渡辺英綱—1947年、福島県に生まれる。「週刊読書人」を経て、1971年、作家の長谷川四郎氏や紀伊國屋書店社長の田辺茂一氏の後ろ盾を得て、新宿ゴールデン街に「ナベサン」を開店。執筆活動と並行して、「ナベサン」の経営を続け、2003年に他界。享年56歳。

講談社+α文庫 新宿《しんじゅく》ゴールデン街物語《がいものがたり》

渡辺英綱《わたなべひでつな》

2016年11月17日第1刷発行

発行者——鈴木 哲
発行所——株式会社 講談社
東京都文京区音羽2-12-21 〒112-8001
電話 編集(03)5395-3522
販売(03)5395-4415
業務(03)5395-3615
デザイン——鈴木成一デザイン室
カバー印刷——凸版印刷株式会社
印刷——慶昌堂印刷株式会社
製本——株式会社国宝社
本文データ制作——講談社デジタル製作

落丁本・乱丁本は購入書店名を明記のうえ、小社業務あてにお送りください。
送料は小社負担にてお取り替えします。
なお、この本の内容についてのお問い合わせは
第一事業局企画部「+α文庫」あてにお願いいたします。
Printed in Japan ISBN978-4-06-281706-6
定価はカバーに表示してあります。